LES DÉSORDRES DE L'AMOUR

Madame de Villedieu

A Critical Edition by
Arthur Flannigan
Occidental College

UNIVERSITY
PRESS OF
AMERICA

Copyright © 1982 by

University Press of America, Inc.

P.O. Box 19101, Washington, D.C. 20036

Printed in the United States of America

ISBN (Perfect): 0-8191-2731-0
ISBN   (Cloth): 0-8191-2730-2

86-4169

The present edition of Madame de Villedieu's nouvelles is an attempt to render this 1675 text more readily accessible to the American student. It builds quite obviously upon the 1970 (Cuénin) edition which, although it is generally excellent, is sometimes somewhat difficult to penetrate; this earlier edition, moreover, has been unobtainable in this country.

I wish to thank my students at Occidental College who have patiently allowed me "to discourse" on this text even though they have been heretofore unable to procure it. I wish especially to thank Emily Philips, who was kind enough to read and to react to parts of the manuscript, and Grace Allen (from the Occidental College Word Processing Center) for her assistance in its preparation.

A. F.

Los Angeles, 1982

LES DÉSORDRES DE L'AMOUR

CONTENTS

INTRODUCTION

Les Désordres de l'Amour is, rather paradoxically, somewhat of a famous and, at the same time, an unknown text. It is generally cited when *La Princesse de Clèves* is under consideration and most literary historians concur that it constitutes an important step in the evolution of the nouvelle in France. Yet, until very recently, there has not been an easily accessible edition of the text.[1] Furthermore, of the four nouvelles that comprise *Les Désordres de l'Amour*, only one has received critical attention. It is the second nouvelle which is usually cited but only insofar as it can be linked to *La Princesse de Clèves*—which some considered as the model for, and others, as an echo of Mme de Lafayette's famous work.

The comparison with *La Princesse de Clèves* centers around a confession scene which is found in both works and which was the cause of some controversy. This comparison began when *La Princesse de Clèves*, which enjoyed considerable success due in part to the famous confession scene, was first published in 1678. Shortly after the publication date, Valincourt wrote the anonymous *Lettres à la Marquise sur le sujet de la Princesse de Clèves* in which he suggested that the confession scene had been invented by the author of *Les Désordres de l'Amour*. An anonymous response appeared (*Conversations sur la critique de la Princesse de Clèves*) that affirmed that *La Princesse de Clèves* was not modeled on *Les Désordres de l'Amour* or any other work.[2] In the earlier part of the twentieth century there was even speculation that the reverse may have been true.[3]

Today, there is no doubt that the composition of *Les Désordres de l'Amour* predates that of *La Princesse de Clèves*; the former was published in 1675, three years before Mme de Lafayette's novel. But, upon close examination, it is clear that the two confessions are quite different and that they function quite differently in the two stories. Mme de Termes' confession, unlike that of Mme de Clèves, has no heroic implications. It is the gesture of a weak woman who is more concerned about her own possible unhappiness than she is about her husband's peace of mind (*repos*). Moreover, the consequences of the two confessions differ: M. de Termes, unlike his counterpart, is not tortured and destroyed by jealousy; he even sanctions his wife's re-marriage to his rival. In the final analysis, Mme de Clèves, after her husband's death, suppresses her passion and refuses to realize her love. Mme de Termes realizes her love and it is precisely the realization of this disappointing and unfortunate love affair which constitutes the subject proper of Mme de Villedieu's nouvelle.

*
* *

Les Désordres de l'Amour can be read in two ways, as history and as literature (fiction). As historian, Mme de Villedieu follows very closely the historical documents available to her. In particular, she obviously read very carefully the *Histoire de France* by François Eudes de Mézeray[4]; but she was equally familiar with the following: Brantôme's *Vies des Hommes Illustres et Grands Capitaines Français* (1665) and his *Vies des Dames Illustres* (1666); E. Davila's *Histoire des Guerres Civiles* (1642); Chiverni's *Mémoires d'Etat* (1636); and Marguerite de Valois' *Mémoires* (1629).

In her first nouvelle, Mme de Villedieu modulates her story on the historical texts when she recounts the activities and schemes of Catherine de Medici and of the Valois Court and the events that preceded Henri III's marriage. She adheres to historical truth when she suggests that Catherine's efforts were designed to create a confrontation between Monsieur, the king's brother, and Henri de Navarre so as to avoid the danger of their possible alliance which could have posed a menace to Henri III.

In the second nouvelle, the historical atmosphere and background are amazingly authentic. The story can be dated precisely from the fall of 1574 to the spring of 1575. The nouvelle's heroine, Marguerite de Saluces, who was married first to the Maréchal de Termes and then to his nephew, is somewhat famous for her extraordinary beauty.

The plot of the third and fourth nouvelles, which constitute a single story, recounts the life of Anne d'Anglure and it also is found in the historical sources. It can be precisely dated from the assassination of Henri, duc de Guise in 1588 to the triumph of Henri IV in 1595. These two nouvelles follow in detail the historical accounts (and especially Mézeray) in documenting the emergence of the League. This story, in a sense, is the most historical of the three because it is composed of sentences and paragraphs that summarize longer and more detailed passages from the historical narratives. And as the following example—to cite but one—will illustrate, Mme de Villedieu occasionally quite literally *appropriates* the historical texts. In her description of the important siege of Rouen in December of 1590, she writes:

> Les assiégez faisoient des sorties furieuses & presque tous les jours il se faisoit des escarmouches, qu'on pouvoit appeller de sanglans combats. Givry fut dangereusement blessé à l'épaule dans une de ces rencontres, & la tristesse dont il étoit possédé augmentant le péril où le mettoit sa blessure, les chirurgiens le jugerent à l'extremité de sa vie. Le Roi aimoit tendrement ce jeune homme, & doutoit qu'il y eût personne de son armée capable de remplir la place qu'il occupoit. Il déclara si hautement ce doute qu'il fit plusieurs mécontens; il en méprisa même les murmures. (Nouvelle IV)

The entire paragraph seems to border on plagiarism when one reads in *Histoire de France*:

> Furieuse sortie des assiégés le 26 Février... Tous les jours de sanglants combats dont le plus mémorable fut celui qui se fit dans l'abbaye de Grammont au-dessus du faux bourg Saint-Sever où Givry, colonel de la cavalerie légère fut si grièvement blessé à l'épaule que le Roi en désespera de sa vie. Il en réchappa néanmoins contre l'attente de tout le monde. Mais le Roi, pour en avoir trop témoigné de regret, perdit François Juvenal des Ursins de la Chapelle, d'autant qu'ayant dit que si Givry mouroit il n'y avoit personne qu'il pût substituer en sa place. La Chapelle s'imagina que par ces paroles il le déclaroit indigne de cette charge laquelle il lui avoit fait esperer, et le ressentiment qu'il en eut fut si violent qu'il se jeta peu après dans le parti de la Ligue. (III, 941)

Moreover, none of the characters in *Les Désordres de l'Amour* are depicted as idealized heros as they were commonly found in early seventeenth-century fiction. They appear in Mme de Villedieu's nouvelles exactly as they do in the historical accounts. In the first nouvelle, for example, Catherine de Medici is scheming, shrewd, and manipulative; Henri III is weak and easily manipulated; and Mme de Sauve is as beautiful and as reprehensible in *Les Désordres de l'Amour* as she is in *Histoire de France* or in Marguerite de Valois' *Mémoires*.

The same is true in the second nouvelle. Since history informs us that Bellegarde was an ambitious and in some respects a despicable officer, Mme de Villedieu creates certain situations and puts certain words into his mouth that confirm these traits. In the last story as well, Mme de Villedieu's Givry, Bellegarde, and princesse de Guise are the mirror images of the personages found in history.

It is rarely, indeed, that Mme de Villedieu deliberately and radically modifies the historical accounts as she herself read and understood them. She does change a few details or omit a few others; but, on the whole, none of these modifications or omissions of historical data seriously compromise what she describes in her first nouvelle as "les vérités importantes de l'histoire générale."

For these reasons, it is easy to read and to compare *Les Désordres de l'Amour* to any of the aforementioned documents and to Mézeray in particular.[5] It is evident and perhaps even logical that the seventeenth-century reader should have read these nouvelles as history, as truth. What is surprising, however, is that even for the present-day reader, *Les Désordres de l'Amour* can be read and appreciated as history. It is for this reason that in the preparation of this present edition, in order to determine the "historicity" of the nouvelles, I have chosen to superimpose (in addition to the seventeenth-century documents) twentieth-century versions of the historical events and actors upon those found in Mme de Villedieu's text (see notes to the text). Although one could perhaps use any number of contemporary documents as a point of departure, I have selected two in particular: A. H. Johnson's *Europe in the Sixteenth Century* (1905) and J. H. Elliot's *Europe Divided* (1969). I have chosen the first because of the extraordinary parallels between this text and *Les Désordres de l'Amour*; I have chosen the second because it is generally accepted as an accurate and contemporary account of the period.

*
* *

Mme de Villedieu was an extremely prolific writer, having composed and published more than three hundred poems, eight fables, three plays, a volume of letters, and about twenty nouvelles or novels. Yet, it is undeniably with her nouvelles and with this text in particular that she has left her mark in French literary history. No one denies that she was most successful in that classical genre known as the *nouvelle historique* or that *Les Désordres de l'Amour* occupies an important position in the evolution of the genre in France.

The first widely read *nouvelle historique* in France was *La Princesse de Clèves* and Mme de Lafayette is generally considered as one of the initiators of the genre. In some of her nouvelles, however, history plays a minor role for it is often totally eclipsed by the fiction. In *La Princesse de Montpensier* (published in 1662), for example, the historical references are vague and difficult to pinpoint. In *La Comtesse de Tende* (first published in 1724 but presumably written around 1663), history or historical chronology does not affect the structure of the nouvelle in any way. One could inquire as to why Mme de Lafayette chooses historical characters for her stories. She explains this choice in the *avis au lecteur* in *La Princesse de Montpensier*:

> Cette histoire n'a estée tirée d'aucun manuscrit...L'auteur ayant voulu, pour son divertissement, écrire des aventures inventées à plaisir a jugé plus à propos de prendre des noms connus dans nos histoires que de se servir de ceux que l'on trouve dans les romans, croiant bien que la réputation de Madame de Montpensier ne seroit pas blessée par un récit effectivement fabuleux.

(*Romans et Nouvelles*, ed. E. Magne, p. 3)

According to her own account, Mme de Lafayette selects a few names from "nos histoires" in order to lend a certain air of credibility to her narration. Hence, she does not hesitate to create other purely fictional characters while openly fictionalizing even the historical ones.

It is in this vein that Mme de Villedieu uses some famous personages of the sixteenth century to compose her *Journal Amoureux* (1669). In this text, however, history is pseudo-history as most of the characters are highly fictionalized. Her next publication, *Les Annales Galantes* (1670), is an attempt to write a different kind of nouvelle. Mme de Villedieu affirms that this work contains "la vérité historique dont je marque la source dans la table que j'y ai inserée au commencement de ce premier tome..." She feels forced to reveal, nevertheless, that she has added several "ornaments" to history:

> La majesté des matières historiques ne permet pas à l'historien judicieux de s'étendre sur les incidents purement galants; il ne les rapporte qu'en passant; j'ai dispensé nos annales de cette austérité...j'augmente donc à l'histoire quelques entrevuës secretes, quelques discours amoureux.

(*Les Annales Galantes*, Avant-Propos)

But most significantly, the writer adds further that "si ce ne sont ceux qu'ils ont prononcés, ce sont ceux qu'ils auroient dû prononcer. Je n'ai point de mémoires plus fidèles que mon jugement..."

In 1671, Mme de Villedieu published *Les Amours des Grands Hommes* and in this work as well she is a genuine fictionist. In *Les Désordres de l'Amour*, however, there is a radical change. Here, the text is faithfully and at times painstakingly documented. These nouvelles never enter the domain of the pure *romanesque*. For Mme de Villedieu, the *nouvelle historique* becomes indeed historical.

But history does not enter into the nouvelle completely unchanged. That is to say, *Les Désordres de l'Amour* is not an exact copy of the document. As she herself indicates, Mme de Villedieu adds something to history; and one of the things that she adds is poetry. Her text is a combination of two literary genres, poetry, in the form of maxims, and the nouvelle. The maxims have both a syntactic and a sematic function. Syntactically, they punctuate the stories at regular intervals: the body of what is essentially a prose narrative is pierced by intervening verses that fragment it into several parts of varying lengths. Semantically, one can say that these aphoristic poems contain the essential elements of the nouvelles in microscopic form; and, at the same time, they serve as commentary on the plot. In other words, the maxims consist of the events of the plot reduced to their "lowest common denominator"; and inversely, the prose constitutes the expansion and the verification of the basic truth of the maxims.

*
* *

For the present edition, I have retained all of the spelling and punctuation of the earlier editions of *Les Désordres de l'Amour* which follow essentially the 1702 copy of the text found in a collection of Mme de Villedieu's works. Most of the orthographic particularities follow predictable patterns: for example, "és" and occasionally "ès" are written "ez"; imperfect and conditional endings are written with "o" instead of "a"; in certain forms of the verb "être," "s" appears before the first "t"; acute accents are usually omitted and accents in general are not employed with consistency, etc. For the punctuation as well, I have not "corrected" Mme de Villedieu. Occasionally, however, I have added commas or semicolons—but only in those few cases where the text would be difficult to comprehend otherwise.

Finally, Mme de Villedieu has left us with one of the most illuminating texts of the classical period. Because of the way in which she set about to construct her nouvelles— building them as she did from a historical base—we are able to see and to appreciate how this seventeenth-century writer read and digested history and how she then proceeded to transform it into literature. *Les Désordres de l'Amour* has interest then not only for the amateur of seventeenth-century literature but it is equally fascinating for those interested in the reading and writing of sixteenth- and seventeenth-century history.

INTRODUCTION

NOTES

[1] Until the 1970 edition of the text in the series *Textes Littéraires Français* (Droz, ed. Micheline Cuénin), the latest edition was the 1770 copy found in a collection of Mme de Villedieu's works.

[2] Jean-Baptiste du Trousset de Valincourt, *Lettres à la Marquise sur le sujet de la Princesse de Clèves* (Paris: Mabré-Cramoisy, 1678).

Abbé de Charnes, *Conversations sur la critique de la Princesse de Clèves* (Paris: Barbin, 1679).

[3] See, for example, H. Ashton, *Mme de Lafayette* (Cambridge: University Press, 1922).

Other studies which compare the two works include the following:

A. Praviel, "Madame de Villedieu et la *Princesse de Clèves,*" *"Revue Littéraire,* (1889).

Henri Chatenet, *Le Roman et les Romans d'une Femme de Lettres au XVIIe Siècle: Madame de Villedieu* (Paris: Champion, 1911).

M. Aline Raynal, *Le Talent de Madame de Lafayette* (Paris: Picart, 1927), p. 235.

D. Dallas, *Le Roman Français de 1660–1685* (Paris: Gamber, 1932), p. 191.

B. Morrissette, *The Life and Works of Marie-Catherine Desjardins (Mme de Villedieu) 1632–1683* (St. Louis: Washington University Press, 1947).

Roger Francillon, *L'Oeuvre Romanesque de Mme de Lafayette* (Paris: José Corti, 1972).

[4] François Eudes de Mézeray, *Histoire de France contenant le règne du Roi Henri III et celui du Roi Henri IIII jusqu'à la Paix de Vervins inclusivement,* 3 Vol. (Paris: Mathieu Guillemot, 1651).

[5] This is essentially the approach taken by Micheline Cuénin in an earlier edition of the text—one that I have often consulted in the preparation of the present edition (see Note 1 above).

MADAME DE VILLEDIEU

LES DÉSORDRES DE L'AMOUR

PREMIÈRE PARTIE

Que l'amour est le ressort de toutes les autres
passions de l'ame.

Les glorieux commencemens du regne de Henry III promettoient des suites semblables. C'estoit un prince charmant par sa personne, qui avant dix-huit ans avoit gagné deux batailles, & qui par un apprentissage de royauté devoit sçavoir l'art de gouverner sagement un peuple.[1]

Il étoit impatiemment attendu sur ces esperances, & les regrets que formoit la Pologne pour sa perte rendoient la joïe des François plus parfaite.[2] La Reine sa mère fut devant de lui jusques aux frontières de l'Estat de Savoie,[3] elle lui presenta le Duc d'Alençon son frère, qu'on appelloit alors Monsieur, & le Roi de Navarre son beau-frère, qui pendant son absence avoient attenté quelque chose contre son autorité & qui pour cela avoient été retenus prisonniers.[4] Il leur pardonna généreusement cette faute; il ne parloit que de retablir l'abondance & la tranquillité dans le royaume, de prendre une connoissance parfaite de ses affaires, & d'y donner tous ses soins.

MAXIME I[5]
Mais l'Amour, ce tiran des plus illustres ames,
Cet ennemi secret de nos prosperitez,
Qui, sous de faux plaisirs, nous déguisant ses flames,
Nous fait passer des maux pour des félicitez;
Aux yeux du nouveau Roi fait briller ses chimeres.
Il se laissa charmer à leur vaine douceur,
Et leurs voluptez mensongeres,
En seduisant les sens, amollissent le cœur.

Le Roi avoit autrefois ardemment aimé la Princesse de Condé, femme de ce Prince de Condé, qui joué un si grand personnage dans le siecle que je traite, & qui alors étoit declaré le chef des Protestants d'Allemagne.[6] Cet amour avoit été diverti par de si grandes affaires,[7] qu'encore qu'il eût jetté de profondes racines, on pouvait dire qu'il étoit éteint. Quelques flateurs entreprirent de le rallumer, & persuadant à sa Majesté que le droit de commander aux peuples renferme celui de commander aux loix, ils lui firent croire que l'heresie du Prince de Condé dispensoit sa femme des obligations de son mariage, & la mettoit dans la liberté d'en contracter un second.[8]

Cette proposition ne plaisoit pas à la reine; elle vouloit pour femme du Roi une princesse moins stilée à la connoissance des affaires, & avoit déja jetté les yeux sur Louise de Vaudemon, Princesse de la Maison de Lorraine.[9] Elle employa toutes les belles de la Cour pour détourner le Roi de l'amour de la Princess de Condé, & promettoit sous main de grandes récompenses à celle qui s'aquitteroit dignement de cette commission. Quelques-unes crûrent y avoir reüssi;

Mademoiselle de Châteauneuf, qui comme la princesse avoit d'anciens droits sur le cœur du Roi, tâcha de les renouveler.[10]

La jeune princess d'Elbeuf[11] tenta cette illustre conquête, & la veuve du sieur de Sauve, secretaire d'Estat, qui passoit avec justice pour la plus charmante femme de France[12], tendit aussi ses filets; mais rien n'effaçoit l'image de la Princesse de Condé; le Roi ne s'entretenoit avec ses favoris que des moyens de faire consentir le Pape à ce qu'il souhaitoit, & il y seroit peut-être parvenu; car les Princes qui sont en état de faire de grands biens à l'Eglise, peuvent en esperer de grandes graces[13]; mais la mort inopinée de la princesse ayant rompu le cours de ces desseins, le Roi ne put les faire éclater que par l'excez de son desespoir.[14]

Il fut tel qu'il fit apprehender pour sa vie, ou pour sa raison; les dames dont j'ai déja parlé redoublerent leurs efforts pour le soulager, & cet honneur sembla réservé à Mademoisele d'Elbeuf; mais enfin le Roi se détermina en faveur de Madame de Suave.[15] Elle fut préférée à ses rivales, & elle acquit même pouvoir si absolu sur l'esprit de sa Majesté, que la Reine s'en servit pour porter le Roi à épouser la Princesse de Vaudemon.

Cet effet des charmes de Madame de Sauve la mit en grande faveur auprés de la Reine. Elle devint de tous ses conseils & de toutes ses parties; elle avoit dans tous les voyages un appartement marqué proche celui de leurs Majestez. Sa beauté devint si fort à la mode, qu'un homme eût passé pour n'être pas du monde, s'il n'eût donné à Madame de Sauve quelque legere marque de passion, & elle fut comblée de tant de bienfaits, qu'elle surpassoit en magnificence les personnes de la plus haute qualité.

Le Duc de Guise qui en étoit amoureux depuis longtems, eut d'abord une grande joïe de la voir si considérée; il lui avoit l'obligation d'avoir mis sur le trône une princesse dont il étoit proche parent,[16] & cette reconnoissance jointe au violent amour qu'il sentoit, l'eût peut-être porté à un mariage indigne de sa naissance; mais Madame de Sauve commençoit à prendre tant de goût à faire nouvelles conquêtes, qu'insensiblement elle perdoit le droit de conserver celle-ci.

«Vous ne m'aimez plus, Madame lui disoit le duc, vous n'aimez que le triomphe de vôtre beauté; vous y sacrifiez mon repos, & les apparences de vôtre fidelité; vous me laissez croire que l'encens le plus nouveau est toûjours pour vous celui de la meilleure odeur, & sans vous faire de délicatesse[17] sur une opinion si désavantageuse, vous sçavez que je l'ai, & vous ne vous efforcez point de la détruire.» «Je vous aime plus que tout ce que je connois, repartit Madame de Sauve, & cette preference est si forte, que c'est vous aimer uniqument. Mais la loi de n'aimer que vous, & celle de n'être aimée de personne sont différentes, & le droit que vous avez de me plaire ne m'ôte pas celui de plaire à quelqu'autre.» «Non, Madame, poursuivit le Duc de Guise, rien ne peut vous ôter le droit de plaire à tout ce qui vous verra; mais si vous répondiez à mon amour par un semblable, il vous ôteroit le plaisir que vous prenez à toucher tant de cœurs. Vous passeriez avec chagrin les momens qu'on nous dérobe; & quand je vous trouve obsédée de ce grand nombre d'amans, je verrois une douce mélancolie me faire excuse de ce que vos charmes sont si genereux.» «C'est-à-dire, interrompit Madame de Sauve, d'un ton railleur, que pour vous aimer à vôtre mode, il faudroit devenir l'ennemie de soi-même, être au desespoir de ce qu'on a quelques attraits, & sans cesse irritée contr'eux, se traiter comme une rivale à qui on auroit été sacrifiée.» «Ha! Madame, s'écria le duc, cette irronie confirme tous mes soupçons; ce n'est point ainsi qu'on reçoit les plaintes d'un amant aimé, & je voi bien que je m'étois trompé, quand j'avois crû pouvoir porter justement ce titre»

Il prononçoit ces paroles avec une douleur qui auroit dû toucher Madame de Sauve; mais elle se trouvoit mieux d'un peu de coquetterie que d'un amour si parfait; elle continua de souffrir des amans, & prit même quelques soins pour en faire, & le Duc de Guise découvrant chaque jour quelque nouveaux traits de sa legereté, en conçut un dépit si violent, qu'il le porta jusques à des apparences de guerison, & à des desseins de vengeance.

Mademoiselle d'Elbeuf conservoit toujours un vif ressentiment contre Madame de Sauve pour lui avoir enlevé le cœur du Roi; le Duc d'Aumale qui l'aimoit, & qui depuis l'épousa, ne pouvoit la consoler de cette perte, [18] elle s'étoit unie d'amitié avec Mademoiselle de Châteauneuf, qui avoit les mêmes sujets de plainte, & elles avoient engagé la Reine de Navarre dans leurs intérêts. Cette Princesse accusoit Madame de Sauve de l'avoir desservie auprés du Roi, & d'avoir été cause qu'on avoit exilé une fille à elle, nommée Torigni, qu'elle aimoit cherement, [19] le Duc entra dans cette ligue, & joignant aux ressentimens de ces dames un esprit adroit, un courage intrepide, & une connoissance parfaite des divers caracteres de tout le monde, il s'éleva un orage contre Madame de Sauve, dont elle devoit être accablée.

Le Duc de Guise s'étoit apperçu que le Roi de Navarre devenoit amoureux de Mademoiselle de Châteauneuf, & elle ne lui avoit pas desavoüé qu'elle n'en eût quelque connoissance. Elle avoit reçu les marques de cette passion avec beaucoup de fierté, & se sentoit même offensée de ce que le Roi de Navarre avoit pû la concevoir; mais le Duc de Guise lui representant que cela pourroit servir à leurs desseins, elle consentit à feindre plus de complaisance, & laissa croire à son nouvel amant que s'il la vengeoit de Madame de Sauve, il n'y avoit point de recompense dont il ne pût se flater. Elle n'avoit aucun dessein de lui tenir parole, elle tiroit son origine de la noble maison de Rieux, & avoit un courage [20] digne de sa naissance: mais comme elle se reservoit le droit de se dedire, & que la permission de la Reine de Navarre la delivroit de beaucoup de scrupules, le monarque se crut plus heureux que dans la vérité il ne l'étoit, & il n'y eut que les conditions qui lui semblerent fâcheuses.

Il fit ce qu'il put pour les adoucir; il étoit naturellement honnête, & ne pouvoit se resoudre à rendre aucun mauvais office à une femme dont il n'en avoit point reçu; mais il étoit amoureux, Mademoiselle de Châteauneuf faisoit la loi, &

proposait son cœur pour recompense; il fut donc arrêté entre-eux, que le Roi de Navarre feindroit d'aimer Madame de Sauve, qu'il tâcheroit d'en obtenir une préference sur tous ses autres amants, & qu'aprés l'avoir obtenuë, il lui donneroit des marques publiques de mépris, & la rendroit la risée de toute la Cour.

Il se mit en devoir d'executer cette commission, & après quelques discours, & quelques assiduitez, qui persuaderent à Madame de Sauve qu'il étoit touché de ses charmes, il fit une fête dans le Bois de Boulogne, dont elle reçut tous les honneurs.

Elle commença par une partie de chasse, où se trouverent la Reine de Navarre, Mademoiselle d'Elbeuf, Madame de Sauve, Mademoiselle de Châteauneuf, & quelques autres dames de la Cour; Monsieur y accompagna la Reine sa sœur, & bien que depuis la mort de son ami l'Amiral de Châtillon [21] il voulut du mal à la maison de Guise, on lui fit agréer que le duc s'y trouvât, & cela fit entr'eux une espece de reconciliation. La chasse fut heureuse, & les dames furent si bien conduites, qu'aprés avoir vû le cerf cinq ou six fois, elles purent se trouver à sa mort. Mais ce n'étoit pas un divertissement pour Madame de Sauve; elle disoit que cet animal lui faisoit pitié dans ses abois, & se retira sous quelques arbres.

Le Duc de Guise la suivit; bien qu'il fût en froideur avec elle, il lui parloit dans les occasions, & crut en celle-là pouvoir avancer les momens de sa vengeance.

«Rien n'échape au pouvoir de vos charmes, Madame lui dit-il; les loix de l'hymen & celles de l'amour leur sont également soûmises, & nous allons bien-tôt voir la Reine de Navarre confondüe avec la Princesse de Condé.» «Vous la rassurez contre cette crainte, repartit Madame de Sauve d'un air malicieux, & comme vous sçavez que les blessures que je fais sont legeres, vous lui répondez sans doute de la prompte guerison du Roi son mari.» «Vous n'apporterez peut-être pas à son mal, reprit le duc, les remedes que vous avez apporté au mien; il a plus de mérite & plus de bonheur que moi, il obtiendra les préferences que vous m'avez refusées, & comme ce n'a été que ce refus qui m'a contraint à me guérir, mon exemple ne vaudra rien à citer, & feroit une mechante sureté pour la Reine de Navarre.» «Si vous ne la rassurez, vous tâcherez du moins à la consoler, poursuivit Madame de Sauve du même ton, & il n'y a pas grande différence entre lui prouver la foiblesse de mes armes, & lui en rendre le progrez indifférent.»

Le Duc de Guise ne put repondre à ces dernieres paroles; il en fut empêché par l'arrivée du Roi de Navarre, qui venoit faire apporter à Madame de Sauve le pied du cerf, & la priant ensuite de venir au Château de Madrid, dont la Reine sa femme avoit déja pris le chemin, ils n'y furent pas si-tôt arrivez qu'on y servit une magnifique collation. [22]

Les salles & les galeries de ce château étoient tapissées de feüillages entremêlez de festons & de doubles SS de fleurs: le lieu où on mangea étoit parqueté d'un gazon artificiel, & sur des piramides de verdure qui en marquoient les compartimens, on voyoit diverses figures de l'Amour habillé en chasseur. Aprés un repas délicat & sompteux, pendant lequel on entendoit un concert de divers instrumens, le Roi de Navarre conduisit les dames à la prairie qui borde la riviere, & elles y trouverent des batteaux peints & dorez, qui au son de plusieurs haut-bois, reporterent la belle troupe jusques au pied de la terrasse du Louvre.

Ce petit chemin ne se fit pas sans que le Roi de Navarre trouvât le moyen d'exagerer à Mademoiselle de Châteauneuf la peine qu'il avoit à feindre, & l'obligation qu'il lui auroit si elle vouloit l'en delivrer. «Ne songez qu'à la recompense qui vous attend, reprit-elle, & hâtez-vous d'en être digne; n'y voyez-vous aucun acheminement? & les charmes de la nouvauté perdroient-ils leur force auprés de cette coquette?» «La passion que je lui témoigne, poursuivit le Roi de Navarre, est trop peu sincere pour faire beaucoup de progrez, & le véritable amour est seul capable de persuader ce qu'il inspire.» «Cette maxime seroit juste avec une personne de bonne foi, repartit Mademoiselle de Châteauneuf, mais la de Suave n'est point de ce nombre; la solidité de l'amour lui plaît moins que son éclat, & comme elle est incapable d'un sincere engagement, elle ne sçait pas distinguer ce qui le fait, d'avec un amour de passage. Continuez à lui donner des marques de passion, & à lui en demander quelques-unes, feignez d'être sur cela difficile à persuader, afin de faire éclater sa complaisance: & enfin songez que le progrez que vous ferez sur le cœur de cette femme, vous le ferez secretement sur le mien.»

Le Roi de Navarre, sollicité par cette esperance, n'oublioit rien pour se rendre aimable. Il donnoit tous les jours de nouveaux divertissemens à Madame de Sauve, il lui disoit mille choses passionnées, & comme il ne manquoit pas de talens pour plaire,[23] & que d'ailleurs la Reine Mère jugeant à propos d'amuser son courage ordonnoit à Madame de Sauve de le traiter favorablement, elle commença de donner dans le piege qui lui étoit tendu;[24] mais à mesure qu'elle sembloit y être plus engagée, le Roi de Navarre cessoit de le tendre, & faisoit une secrete experience qu'on ne se moque point impunément de l'amour.

Il eut d'abord quelque honte de faire cette remarque; on étoit encore au tems où on faisoit scrupule d'être un amant de méchante foi, & il se reprochoit comme un crime la trahison qu'il alloit faire à Mademoiselle de Châteauneuf; mais venant à penser qu'elle l'avoit elle-même exposé au péril où il succomboit, & qu'elle avoit été plus sensible au dépit d'avoir manqué le cœur du Roi, qu'à la passion qu'il lui avoit témoignée il surmonta ses scrupules, & devint plus amoureux de Madame de Sauve qu'il ne l'avoit été de Mademoiselle de Châteauneuf.

Cette derniere ne s'attendoit à rien moins qu'à une si cruelle révolution; au contraire s'appercevant aux regards de Madame de Sauve que le Roi de Navarre avançoit ses affaires, elle s'en rejoüissoit avec Mademoiselle d'Elbeuf, & elles goûtoient par avance tout le plaisir que sentent des rivales qui se vengent. Elles crurent même avoir bien-tôt une occasion de faire éclater cette vengeance.

Le Comte Paul, frère de Jean, Comte de Salmes, allié de la jeune Reine, étoit attendu à la Cour, & devoit arriver de jour à autre.[25] Il avoit autrefois ardemment aimé la Princesse de Vaudemon, avant qu'elle fût Reine de France; & l'histoire dit que cet amour étoit encore le motif secret de son voyage. Mais comme il avoit pour prétexte un renouvellement d'alliance avec le Duc de Lorraine,[26] dont en ce tems-là on avoit besoin pour arrêter les armes du Prince de Condé du côté d'Allemagne, le Roi lui préparoit une réception magnifique, & toute la maison royale étoit occupée à inventer de nouveaux divertissemens.

La Reine de Navarre se chargea de celui d'un ballet, dont le Duc de Guise donna le plan, & qui, dans leur idée, devoit être un coup mortel pour la vanité de Madame de Sauve. Elle fut priée d'y dancer comme plusieurs autres dames de la Cour, & il representoit les amours d'Apollon & de Daphné.[27] Le Roi de Navarre fut choisi pour figurer ce dieu. Mademoiselle de Châteauneuf y faisoit le personnage de Daphné, & Madame de Sauve celui de la méprisée Clitie. On pretendoit obliger le Roi de Navarre à marquer fortement ce mépris, & à dire à Madame de Sauve, aprés le ballet, que la fable étoit une vérité.

Il fremit quand Mademoiselle de Châteauneuf lui fit cette proposition, & aprés lui avoir dit qu'elle vouloit donner aux étrangers méchante opinion de la galanterie,[28] françoise, il ajouta qu'il n'étoit pas encore assez bien avec Madame de Sauve pour executer cette vengeance, & qu'on la rendroit imparfaite si on en précipitoit le moment. «Il n'est pas si précipité que vous le pensez, reprit Mademoiselle de Châteauneuf; le peu d'application que vous avez pour ce que fait la de Sauve, vous empêche sans doute de le remarquer, mais toute la Cour s'en aperçoit. Elle vous regarde tendrement, elle a toûjours quelque secret à vous dire, & veut persuader qu'elle parle & qu'elle rit d'intelligence avec vous: je suis bien informée que vous donnez de la jalousie à tous ses amans, & que Monsieur, qui comme le Roi son frère commence à se laisser surprendre aux charmes de cette enchanteresse, vous regarde d'un œil d'envie. Qu'a Vôtre Majeste à souhaiter de plus pour faire éclater son mépris? Ne trouvez-vous plus vôtre feinte aussi pénible qu'elle l'a été, ou si vous voulez attendre que Monsieur soit assez favorisé pour consoler la de Sauve de vôtre perte?»

Cette derniere consideration fit rougir le Roi de Navarre; il s'étoit apperçu de la concurrence de Monsieur, & la supportoit avec impatience; mais ce n'étoit pas par des mépris qu'il prétendoit le traverser, & il n'y eut rien qu'il ne representât à Mademoiselle de Châteauneuf pour la faire changer de résolution. Il eut même recours à la Reine sa femme, & tâcha de lui persuader que cette piece troubleroit le divertissement. Mais tous ses discours furent inutiles; la Reine de Navarre étoit engagée de parole, & il fallut que le jeune monarque prit le parti de faire ce qu'on souhaitoit, ou de rompre pour jamais avec les ennemis de Madame de Sauve.

Il ne balança que bien peu sur ce choix; les mouvemens de l'amour sont rapides, [29] & non seulement le Roi de Navarre se détermina en faveur de sa nouvelle maîtresse, mais il entra delicatement dans ses intérêts, & resolut de faire tomber sur sa rivale la confusion qu'elle lui avoit préparée.

Il dissimula ce dessein jusqu'au jour que le ballet se dança & comme on l'aprenoit & le repetoit toûjours à l'ordinaire, le Duc de Guise croyoit qu'il seroit executé comme il avoit été resolu. Il attendoit ce moment avec des impatiences extrêmes; & tantôt se faisant un plaisir d'insulter à sa coquette, d'autrefois se laissant surprendre malgré lui à l'espoir d'être son heureux pis–aller, son cœur flotoit entre ces diverses pensées; mais il fut bien surpris le jour du ballet quand il les trouva toutes chimeriques, & qu'il vit le Roi de Navarre faire le contraire de ce qu'on lui avoit proposé.

Ce monarque commença par des excuses à Madame de Sauve, de ce que les personnages étoient si mal disposez; il lui dit ensuite que sa beauté étoit assez puissante pour renverser les ordres anciens & les modernes, & la suivant toutes les fois qu'il devoit la fuir, il mit tant de confusion dans l'ordre du ballet qu'on ne sçut ce qu'il devoit representer.

La Reine de Navarre en fut fort irritée, & ne put s'empêcher de le faire connoître; les deux rivales en rougirent de fureur & de confusion, & le Duc de Guise qui, sur le prétexte d'avoir donné ce plan, étoit en droit de se plaindre de ce qu'il étoit si mal executé, le fit avec tant d'aigreur qu'il étoit aisé de juger qu'un autre interêt s'y trouvoit mêlé.

Madame de Sauve s'apercevoit bien de tout cela, & pleine de reconnoisance pour le Roi de Navarre: «Ne vous repentez point, lui disoit-elle, d'avoir trahi le ressentiment de ces dames; l'injure qu'elles vous faisoient en vous choisissant pour le ministre de leur vengeance, ne pouvoit attirer une moindre punition; & quelque recompense qu'elles vous eussent préparées, j'ai peine à croire que leur reconnoissance eût fait plus de chemin que la mienne.»

Le Roi de Navarre transporté de joïe pour des esperances si flatteuses, repliquoit en des termes passionnez, & quand c'étoit en lieu où le duc pouvoit le remarquer, il sentoit augmenter sa rage, de telle sorte qu'il pensa la faire éclater par quelque funeste evenement. [30]

Il avoit impatience que le ballet fût fini pour entretenir en particulier la Reine de Navarre; il la suivit à son appartement, & les autres dames liguées en ayant fait de même, il n'y eut sorte d'imprecation qui ne leur échapât contre leur commune rivale.

«De quel charme ou de quel sortilege se sert cette coquette, disoit Mademoiselle d'Elbeuf, pour assembler tant de temperamens opposez? Elle plaît également aux enjoüez & aux mélancoliques; le Roi, qui naturellement est assez particulier, trouve avec elle de quoi s'entretenir dans son humeur sombre; le Roi

7

de Navarre y trouve des matieres à sa gaïté, & l'espirt doux & pacifique de Monsieur ne simpatise pas moins avec le sien que l'humeur altiere du Duc de Guise. La beauté peut-elle seule produire cet effet, & quand elle en seroit capable, n'y-a-t'il que Madame de Sauve au monde qui puisse se vanter d'en avoir?» «Ah ma cousine? s'écria languisamment le Duc de Guise, ne cherchons point par quelle raison Madame de Sauve plaît à tout le monde, nous n'en trouverions que de trop legitimes; cherchons seulement à rendre ses charmes aussi funestes pour elle qu'ils sont inévitables pour les autres.»

Alors apliquant tout son esprit à trouver de nouveaux expedients, il n'y en eut point qui ne parût trop moderé pour la colere des dames, ou trop lent pour l'impatience du duc. Il n'avoit eu à satisfaire d'abord qu'un foible dépit amoureux, mais le procedé du Roi de Navarre y joignit d'autres interêts. Ce prince n'avoit pas ignoré qu'en vengeant Mademoiselle de Châteauneuf, il auroit vengé la Princesse de Lorraine. [31] La confusion dont il venoit de couvrir l'une de ces dames s'étendoit sur l'autre, & le duc, portant sa penetration jusques à des motifs dont le Roi de Navarre n'avoit pas eu la pensée, se persuadoit qu'il avoit voulu le braver en la personne de Mademoiselle d'Elbeuf, & que son action étoit moins un effet d'amour qu'un reste de haine pour ce qui s'étoit passé à la Saint-Barthélemy. [32] Ne trouvant donc rien de trop difficile ou de trop injuste pour repousser cette offense, il proposa de mettre une si forte jalousie entre Monsieur & le Roi de Navarre que le Roi se crut obligé d'en éloigner la cause, & bannir Madame de Sauve de la Cour. Le duc respectoit la presence de la Reine de Navarre, & n'expliqua devant elle que cette partie de son dessein; mais peut-être que dans son cœur il y donnoit plus d'étenduë, & qu'il étoit bien aise que Monsieur l'authorisât à former un parti declaré contre son nouveau rival. Quoi qu'il en fût, il se chargea de faire aigrir l'esprit du Roi par la jeune Reine, dont comme je l'ai déja dit, il étoit parent très proche, & les dames se chargerent de semer la mesintelligence entre les deux princes amoureux.

Elles n'attendirent pas plus tard que le lendemain pour executer cette résolution. La Reine de Navarre feignit devant Monsieur une tristesse extraordinaire, & le prince lui en ayant demandé la cause, comme elle jugeoit bien qu'il le feroit: «Pouvez-vous l'ignorer, lui répondit-elle en le regardant d'un air languissant? & ne prenez-vous pas assez d'interêt à ce qui se passe pour l'avoir remarqué? Je suis l'exemple public de la legereté des maris envers les femmes, & de la complaisance des femmes envers les maris. A peine l'histoire de Fosseuse est finie, qu'une autre maîtresse vient sur les rangs; le Roi de Navarre pourroit compter les mois de l'année par le nombre de ses intrigues, & je n'ay pas si-tôt fortifié mon esprit contre les triomphes de Mademoiselle de Châteauneuf, qu'on met ma confiance à de nouvelles épreuves. [33] Que voit mon époux dans toutes ces femmes, que mon miroir ne me montre tous les jours? Me trompe-t'il quand il m'assure que je puis disputer avec elles de charmes, & d'esprit? & secondez-vous cette tromperie quand vous donnez tant de louanges au tour de ma conversation?»

Monsieur aimoit tendrement la Reine sa sœur, & fut fort touché de la douleur où il voyoit. «Ne vous mettez point toutes ces choses dans la tête, lui dit-il, & songez qu'elles peuvent alterer votre santé, & causer des inquiétudes mortelles au prince vostre frère. Le Roi de Navarre ne peut rien trouver de si digne de ses feux que vous l'êtes; mais ne sçavez vous pas que les maris ne regardent jamais leurs femmes avec les yeux du reste du monde, & vous servez-vous assez mal des forces de vôtre espirt pour avoir besoin de consolation contre un mal si commun & si authorisé?» «Les vrais maux ne perdent rien de leur qualité, reprit la Reine de Navarre, pour être répandus sur beaucoup de gens, & je n'en suis pas moins méprisée du Roi mon mari, pour voir plusieurs femmes partager ma destinée. Encore s'il n'étoit susceptible que de galanteries de passage, je pourrois entendre raison; mais le moyen de souffrir qu'on dise dans le monde qu'il cherche des nullitez dans nôtre mariage,[34] & qu'il fait esperer à la de Sauve qu'on lui verra bien-tôt occuper ma place?» «Que dites-vous de Madame de Sauve? interrompit le prince tout ému? Est-ce par méprise que vous prononcez son nom? Ou si vous avez oublié que c'est de vôtre consentement que le Roi de Navarre lui rend des soins?» «Quoi! poursuivit la Reine de Navarre, vous en êtes encore à croire cet amour une feinte, & vous ne fûtes pas témoin hier au ballet de ce qu'on fit pour marquer que c'est une vérité?»

Monsieur n'avoit ni rien vu ni rien sçu ce qui s'étoit passé; il étoit du ballet, & le personnage qu'il y representoit l'obligeoit à être derriere le theâtre quand le Roi de Navarre & Madame de Sauve étoient dessus. Il avoit bien remarqué qu'en rentrant aux loges, ils se faisoient des minauderies; mais comme avant qu'il fût amoureux de Madame de Sauve, la Reine de Navarre l'avoit averti qu'on trompoit cette dame, & que depuis qu'il l'aimoit on n'avoit osé lui dire les pieces[35] qu'on avoit projettés, il croyoit que les empressemens du Roi de Navarre fussent[36] les effets de la premiere tromperie, & n'en avoit pris aucun ombrage. La Reine sa sœur le tira de cet aveuglement, & lui aprit comme aux entrées où l'Apollon du ballet devoit fuir Clitie, il s'étoit opiniâtré à la suivre, & avoit renversé toutes les figures. Il en fut si transporté de jalousie, que la Reine de Navarre craignit de la lui voir pousser trop loin, & s'éfforça de la moderer; mais il n'étoit plus en son pouvoir.[37] Il courut chercher Madame de Sauve, & lui reprocha mille fois sa coquetterie & sa dissimulation.

Ce n'étoit pas la premiere fois qu'elle avoit été exposée à ces sortes de discours; elle sçavoit parfaitement ce qu'elle devoit répondre, & tantôt prenant un air severe, d'autrefois laissant croire qu'elle avoit des excuses que par fierté elle ne vouloit point dire, le prince sortit de cette explication plus amoureux & plus jaloux encore qu'il ne l'étoit quand il l'avoit commencée.

Cependant Mademoiselle de Châteauneuf ne s'épargnoit pas auprés du Roi de Navarre; «Je ne donne point dans le piege que vous m'avez tendu, lui dit-elle, chez la Reine Mère, le lendemain du ballet; il faudroit que vous eussiez perdu le sens pour vous attacher sincerement à la de Sauve; c'est une coquette qui ne peut faire la félicité d'un amant délicat, & qui pendant que vous feigniez de lui faire des sacrifices, se servoit de vos feintes pour s'attirer les adorations de Monsieur.

Vous êtes trop penetrant pour ne l'avoir pas remarqué, & trop fier pour le remarquer inutilement. Vous ne l'aimez point, dis-je, vous n'avez voulu qu'éprouver si je serois assez simple pour vous soupçonner de cette passion; mais je ne suis. pas si susceptible de fausses impressions, & nous n'aurons point le plaisir de nous racommoder ensemble, si vous ne sçavez point de meilleur secret pour nous brouiller.»

Le Roi de Navarre s'embarrassa peu de l'erreur pretenduë de Mademoiselle de Châteauneuf, & n'yrépondit que par des soûris; mais il fut plus sensible à ce qui concernoit Monsieur: «Je fus donc bien sacrifié? reprit-il, & à ce que je puis comprendre, Monsieur est bien dans ses affaires?» «Hélas! poursuivit Mademoiselle de Châteauneuf avec une feinte ingenuité, c'est y être mal que d'obtenir des preferences de la de Suave; elles ne servent qu'à faire mieux sentir ses legeretez. Mais si c'étoit un bon heur que d'en être aimé, Monsieur seroit parfaitement heureux, & on ne peut faire plus de folies pour un homme qu'elle en fait pour ce prince.» «Ce sont donc des folies d'ambition, reprit le Monarque avec aigreur, car sauf le respect qu'on doit au frère unique du Roi, Monsieur n'est guere capable d'inspirer de grandes folies d'amour.» [38] «J'avouë qu'il n'est pas fort bien fait, repartit Mademoiselle de Châteauneuf; mais ce n'est pas le premier exemple du caprice des femmes, & il nous conte quelquefois des circonstances de son aventure qui vous feroient rire, si je ne les trouvois trop folles pour vous les raconter.»

La personne qui faisoit ce discours devoit le rendre suspect; mais l'amour & ses effets, se reglent rarement par la raison[39] Le Roi de Navarre crut le bonheur de Monsieur aussi parfait qu'on vouloit lui persuader, & bien qu'il dût sçavoir par son experience que Madame de Sauve sçavoit mieux engager les amans que les favoriser, & qu'elle aimoit mieux les triomphes publics que les amoureux tête-à-tête, il ne fit reflexion que sur ce qui pouvoit le tourmenter, & partit d'auprés de Mademoiselle de Châteauneuf le plus jaloux de tous les hommes.

Il chercha Madame de Sauve pour lui faire à peu prés les mêmes plaintes qu'elle avoit déja souffertes de Monsieur, mais elles l'avoient chagrinée; elle faisoit dire à son appartement qu'elle n'y étoit pas, & le Roi de Navarre s'imaginant que cet ordre n'étoit donné que pour lui, en devint plus jaloux & plus insensé. Il rencontra Monsieur au Jardin des Thuilleries, qui n'étoit pas de plus belle humeur. Ils se regarderent avec des yeux de rivaux, & se faisant des felicitations qui dans leur esprit passoient pour des irronies offençantes, ils se dirent des choses si fortes, qu'on craignit qu'elles eussent des suites, & qu'on en avertit le Roi.

Cet avis eut tout l'effet que le Duc de Guise en avoit esperé. Le Roi, prevenu par les discours de la Reine sa femme, s'emporta contre Madame de Sauve, & dit tout haut, que si elle continuoit à mettre le divorce entre deux princes qui lui étoient si proches, il l'envoyeroit dans un lieu où elle seroit forcée de vivre en repos.

La Reine Mère aimoit cette femme, & la jugeoit necessaire à ses desseins. Elle fit des efforts pour apaiser la colere du Roi, & lui parlant de la division des deux princes comme d'une chose utile à la tranquillité de l'Estat, [40] elle prétendit que Madame de Sauve en meritoit plus de recompense que de punitions. «Le Roi de Navarre, quelque mine qu'il fasse, disoit-elle, a toûjours sur le cœur l'affaire de la Saint-Barthélemy ; mons fils n'y a pas moins la mort de son aim l'Amiral de Châtillon, & le souvenir de sa captivité. Si leurs ressentiments étoient unis, ils pourroient être dangereux, & loin de blamer ceux qui causent leur mesintelligence, il faut considerer qu'elle les affoiblit, & qu'elle les amuse.»

Le Roi ne goûtoit point toutes ces raisons ; on lui avoit donné une legere honte de ce qu'une femme qu'il avoit honorée de sa bienveillance confondoit son nom avec tant d'autres, & d'ailleurs le desordre devenoit si grande que sa Majesté jugeoit avec prudence ne pouvoir trop tôt l'appaiser. [41]

Le Duc de Guise s'étoit declaré pour Monsieur ; il trainoit aprés lui l'élite des jeunes seigneurs de la Cour. C'étoit un des princes du monde le meiux fait, & le plus brave ; sa magnificence lui gagnoit tous les cœurs, & l'honneur d'avoir vû depuis dix ans sur le trône de France deux princesses dont il étoit parent tres-proche soûtenoit la grandeur de son courage. [42] Le Roi de Navarre, voyant donc grossir chaque jour le parti qui s'élevoit contre lui, se plaignit au Roi de ce qu'on inventoit des prétextes de querelle pour l'opprimer : il étendit ses murmures jusques à la Reine sa femme, & l'accusa d'entrer plus dans les interêts de ses ennemis que dans les siens. [43] Ces troubles generaux & domestiques achevoient de former l'orage qui grondoit contre Madame de Sauve. Le Roi vouloit absolument qu'elle se retirât à une maison qu'elle avoit sur les frontieres de Lorraine, & à peine tout le credit de la Reine Mère put-il faire differer cet ordre jusques à une saison moins fâcheuse.

C'étoit une des plus cruelles avantures qui pût arriver à une femme de ce caractere. Elle aimoit la Cour, elle haïssoit mortellement la solitude, & elle n'épargna ny presens ny flateries pour faire revoquer un si terrible commande-ment. Jugeant même par ce qu'elle sçavoit des projets du ballet que le Duc de Guise lui dressoit toutes ces embûches, elle resolut de lui en dresser à son tour, & de mettre tout en usage pour se racommoder avec lui. Elle commence à lui darder ces mêmes regards, dont autrefois son cœur avoit été si penetré ; elle y joint des soûpirs affectez, & des paroles flateuses ; mais le duc l'avoit aimée avec trop de delicatesse pour être si facilement apaisé.

«C'est en vain qu'elle me tend ses pieges, disoit-il à Mademoiselle d'Elbeuf, & pour les voir reüssir elle m'a rendu trop sçavant dans l'art de la connoître. Elle ne semble me rapeller que pour me sacrifier une seconde fois. Le Roi de Navarre exige peut-être cette recompense des tromperies qu'il nous a faites ; mais qu'il ne s'attende pas à ce regal ; mon ressentiment est trop juste pour n'être pas éternel, & je resisterois à un retour sincere comme je resiste à ce que je sçai n'être qu'une feinte.» «Que je crains que vous ne vous trompiez, mon cher cousin, repartit la

11

Princesse, & que je me défie d'un dépit si clair-voyant & si ingenieux! Vous remarquez toutes les actions de cette femme; vous cherchez à deviner leurs motifs: croyez-moi, mon cousin, des ressentimens si curieux sont en danger de découvrir ce qu'ils ne pensent pas chercher, & vous vous appercevez trop bien des avances qu'on vous fait, pour pouvoir répondre qu'elles n'auront aucun succez.» «Ah! ne me soupçonnez pas de cette foiblesse, s'écria le duc. Si je daigne remarquer ce qui se passe, c'est pour y trouver de nouvelles matieres de mépris. Si vous sçaviez, ma chere cousine, combien j'aimois cette coquette quand elle m'a négligé, le pouvoir absolu qu'elle avoit sur mes volontez, & quel prix je mettois aux plus legeres de ses faveurs!»[44]«De grace interrompit Mademoissele d'Elbeuf, oubliez toutes ces choses; l'excez de vôtre mémoire me fait trembler & je vous croirai toûjours menacé d'une rechute, tant que les accez de vôtre mal vous seront si familiers.»

Le duc se fâcha serieusement de ce qu'on avoit si méchante opinion de son courage, et, s'étudiant à donner à Madame de Sauve des marques publiques de son indifference, elle en conçut un dépit si violent qu'il surmonta toutes les autres considerations.

On étoit alors au commencement du printems, & le Roi aprés avoir donné au Comte de Salmes tous les divertissemens qu'on peut prendre en hiver, voulut avant qu'il partît lui faire goûter ceux de la nouvelle saison.[45] Il fit une fête nocturne dans les jardins de Fontainebleau, qui fut une des plus agreables qu'on eût jamais veuës. Les grandes allées étoient illuminées de lustre & globes de feu entremêlez parmi les branches: l'étoile où elles aboutissoient étoit préparée pour y representer une comedie italienne: un autre endroit du bois devoit servir à la salle du bal; & dans les allées de traverse, qu'exprés on avoit laissées plus obscures pour rejoüir les yeux par cette diversité, il y avoit de fausses figures éclairées en dedans, & peintes d'une couleur de feu, qui en trompant agreablement la vuë, lui servoient à distinguer les objets.

Madame de Sauve s'étant apperçuë que le Duc de Guise entroit seul dans une de ces allées, le croisa par une autre, & se trouvant sur son passage: «Ferez-vous encore long-tems le cruel? lui dit-elle en l'arrêtant, & le personnage que vous me forcez de jouer, ne vous donnera-t-il point enfin quelque compassion?» «A moi de la cruauté? Madame repartit froidement le duc, & à vous un personnage digne de compassion? Vous ne songez pas à ce que vous dites, & vous faites mal vos aplications.» «Il est vrai, Poursuivit Madame de Sauve d'un ton irronique, que ce fut moi qui fis la cruelle à la partie de chasse du Bois de Boulogne, & que si mes aplications n'étoient pas justes, vous auriez reçu avec tant d'indifference les reproches que je vous fis.»[46] «Je ne vis dans le Bois de Boulogne, poursuivit le duc avec la même froideur, que les marques d'amour que vous y donna le Roi de Navarre, & j'ai jugé par la reconnoissance qu'elles ont attirée, que vous y aviez été fort sensible.» «Hé! si je l'eusse été, ou que je le fusse, continua la dame coquette, pourquoi vous aurois-je reproché si aigrement vos assiduitez auprés de la Reine de Navarre? Pourquoi, depuis ce tems-là, vous aurois-je fait tant d'avances de reconciliation? Et pourquoi à l'heure que je vous parle vous aurois-je suivi, & commencé la premiere à vous accuser de cruauté? Le Roi de Navarre m'aime-t'il moins qu'il ne m'a aimée? Ou suis-je par hazard si dépourvuë d'amans, que je sois dans la nécessité de courir aprés ceux qui me fuient?» «Je ne vous fuis, ni vous ne courez aprés moi, repartit le duc; mais vous avez sans doute quelque raison de me mettre dans cette erreur, & je ne me trouve pas assez de complaisance pour y tomber.» «C'est donc politique, puisque vous le voulez, interrompit Madame de Sauve; mais ne vous faites-vous aucun plaisir de faire éclater ma dissimulation? Eprouvez-la, demandez-moi des sacrifices, & mettez vôtre crédulité à un si haut prix, que si je ne suis pas sincere, elle me coûte plus qu'à vous. Vous ne me répondez rien? Ha ingrat! M'avez-vous aimée? Etes-vous encore le Duc de Guise? & suis-je Madame de Sauve?»

Elle prononçoit ces paroles avec une langueur si touchante, que le Duc de Guise en fut ému, & qu'aprehendant les suites de cette émotion, il voulut prendre la fuite; mais la dame coquette le retenant: «Non, non, lui dit-elle, vous ne m'échaperez pas, & vous vous expliquerez avec moi, ou vous avoüerez que ce sont vos remords qui vous en empêchent.» «Hé! de grace, Madame, poursuivit le duc d'un air inquiet, laissez-moi dans l'oubli où il vous a plu de me mettre, & ne cherchez point à vous justifier d'une legereté que je ne vous reproche pas. Vous avez quelque tems pris plaisir à me témoigner de la bonne volonté: vous en avez pris ensuite à me donner des marques d'indifference; ce sont caprices du sexe dont je ne vous demande point de raison, & comme je n'ai pas merité les derniers, j'avoüe que je ne meritois pas les autres.»

Bien que ces paroles fussent aussi dures que les precedentes, le ton en étoit different, & Madame de Sauve étoit trop sçavante sur ces distinctions pour ne pas s'en appercevoir. Elle soûpira, elle laissa couler quelques larmes de dépit, qu'elle fit passer pour des larmes d'amour, & joignant à ces pleurs simulez des serremens de main, & des regards que le cœur du duc ne pouvoit encore méconnoître, elle lui fit si bien oublier toutes ses resolutions, qu'avant qu'ils se separassent, ils prirent heure pour achever le lendemain leur explication.

Il faudroit avoir éprouvé combien le dépit des amans est fragile et trompeur, pour bien se presenter l'effet de cet entretien. Le duc crut y avoir remarqué des traits de sincerité qui ne pouvoient être dementis, & Madame de Sauve ayant affecté pendant la fête des regards obligeans pour lui, & des froideurs pour ses rivaux, il se retira si convaincu de son bonheur qu'il auroit crû faire un crime s'il en avoit formé le moindre doute.

Il brûloit d'impatience qu'il fût l'heure qu'il avoit prise avec Madame de Sauve pour la voir, & quand elle fut venuë, qu'il se retrouva dans ces mêmes lieux où il avoit passé des momens si agreables, & que par un accueil flateur, Madame de Sauve lui fit juger qu'il en passeroit encore de pareils, il se laissa transporter à des mouvements de joîe qu'on trahit quand on entreprend de les dépeindre par des paroles.

13

Deux choses seulement troubloient cette félicité, c'est que le duc avoit un interêt d'ambition à se maintenir en bonne intelligence avec Monsieur, & qu'il craignoit les reproches de la Reine de Navarre.[47] Il fit part de ces inquietudes à Madame de Sauve, qui les trouva justes. Ils convinrent qu'ils cacheroient leur raccommodement, & que reservant à se voir aux heures où leurs entrevuës pourroient être secrettes, ils vivroient devant le monde comme s'ils eussent encore été broüillez.

Ils ne pouvoient prendre de resolution qui fût plus agreable à la dame coquette : elle lui ménageoit les plaisirs du mistere & ceux du triomphe public ; & comme on ne voit gueres de bonne ny de mauvaise fortune aller seule, il arriva un desordre en ce tems-là entre le Roi & la Reine sa femme, qui fit perdre à cette princesse le credit qu'elle avoit sur l'esprit du Roi son mari, & qui le disposa à recevoir plus favorablement les nouvelles prieres que la Reine Mère lui fit touchant l'exil de Madame de Sauve.[48]

On ne peut dire combien le Duc de Guise eut de joïe de ce changement ; la cause devoit lui déplaire, & la disgrace de la jeune reine faisoit une brêche à son autorité ; mais outre qu'il esperait que dans peu cela se retabliroit, il avoit eu tant de peur de se voir enlever sa maîtresse que tout ce qui le delivroit de cette crainte ne pouvoit à son gré lui être qu'avantageux. Aussi est-il vrai qu'il passoit la vie la plus douce & la plus commode qu'un amant puisse desirer. Son intrigue n'étoit soupçonnée de personne ; elle ne lui déroboit aucune des heures qu'il devoit à ses affaires & à son ambition ; il étoit tout le jour dans les plaisirs gene-raux, & lors que tout le monde étoit retiré, il se glissoit sans bruit à la chambre de Madame de Sauve, & ils [se] railloient ensemble de la crédulité publique. Madame de Sauve aprenoit fidellement par le Duc de Guise les desseins de ses rivales, & les faisoit avorter ; le duc en tiroit souvent des avis necessaires à main-tenir son credit,[49] & Madame de Sauve le servant secrettement auprés de la Reine-Mère pendant que sa dissimulation l'assuroit du parti de Monsieur, il ne pouvoit assez se louer des faveurs de la fortune.

MAXIME II

Mais est-il un bon-heur effectif et durable,
Dans ce qui roule sur l'Amour ?
Tout s'y trouve sujet aux perils d'un retour ;
Son espoir le plus juste & le plus vraisemblable,
Naît, se détruit, & renait dans un jour.
Ses douceurs passent comme un songe,
Ses promesses ne sont qu'un seduisant mensonge ;
Et toutesfois, ô triste aveuglement !
Ce que nous connoissons de plus grand sur la terre,
Ce qui fait à nos yeux son plus bel ornement,
Les loix, l'honneur, la paix, la guerre,
Tout se trouve sujet à son enchantement.

La Cour étoit alors à Saint-Germain, qui depuis que le Roi François Ier y avoit fait bâtir le château qu'on y voit encore, étoit une des plus belles maisons de plaisance qu'eussent nos Rois. Les premiers appartemens s'en dégagent par une espece de coridor, où se rendent les degrez de communication, & qui fait que sans passer par les cours, on peut faire le tour du corps de logis. La garderobe de Madame de Sauve donnoit sur cette galerie & le Duc de Guise qui avoit la charge de grand maître de la maison du Roi, s'étoit fait donner un appartement dans ce même étage. Un soir que suivant sa coûtume, il venoit d'entretenir en particulier cette belle dame, il fut rencontré par Dugua favori du Roi, [50] pour lequel, à moins que de vouloir encourir la disgrace de Sa Majesté, il falloit témoigner beaucoup de consideration. Ils se reconnurent au clair de lune, qui étoit fort belle cette nuit-là, & Dugua reculant deux pas; «Quoi, dit-il tout surpris, c'est le Duc de Guise qui sort à cette heure de chez Madame de Sauve?» «Vous avez mal distingué les portes, repartit le Duc fort embarrasse; mais vous, d'où sortez-vous, & auquel des temples de cette gallerie adressez-vous vos offrandes?» «A la fortune du dé, poursuivit Dugua, qui m'a occupé jusques à l'heure qu'il est, & à qui j'aurois von-lontiers donné le reste de la nuit, si j'avois trouvé des gens de mon humeur.» «J'ai eu la même occupation, repartit le Duc de Guise, & je me trouve comme vous si en appetit de joüer, que si vous voulez nous irons achever chez moi d'en passer nôtre envie.» «Non, non, reprit Dugua d'un air pressant, il m'est aisé de prouver que je sors de chez Monsieur d'Aumale; Quelus & Saint-Luc [51] y sont encore, & y ont joué tout le soir avec moi; mais il n'y a point d'homme logé dans l'endroit de la Galerie où je vous trouve, & si vous ne m'engagez au secret par un peu de confiance, je me croirai dispensé de taire ce que j'ai decouvert».

Dugua étoit l'homme du monde que le duc eût le moins choisi pour en faire son confident; il lui disputoit le premier rang dans les bonnes graces du Roi: cela suffit pour rendre des gens ennemis, & d'ailleurs il n'étoit pas ami de la Reine de Navarre, & n'eut pas manqué de faire de la raillerie de la vérité, si elle lui eût été connuë. Le duc fit donc ce qu'il lui fut possible pour le guerir de sa curiosité; & voyant que plus il tâchoit à détourner la chose, & plus Dugua en demeuroit persuadé, il crut qu'il étoit permis de faire un leger mensonge pour se tirer d'un si méchant pas.

Madame la Maréchale de Saint-André [52] avoit son apartement tout proche de celui de Madame de Sauve; les portes de leurs garderobes se touchoient, & la Maréchale avoit une parente assez bien faite, à qui par hazard le soir precedent le Duc de Guise avoit donné la main à la promenade. Il dit à Dugua que c'étoit elle qu'il venoit de voir, & pour lui faire croire, il le conjura le plus instamment qu'il put de ne le redire à personne.

Il faut sçavoir à qui cette fausse confidence étoit adressée; Dugua étoit amoureux de cette fille, & bien que leur intrigue fût secrette, c'étoit une des plus tendres & plus delicates de la Cour. [53] Il fremit quand il entendit le Duc prononcer ce nom; mais dissimulant son trouble pour apprendre plus de circon-stances de l'affaire: «Il ne faut pas demander, dit-il, si vôtre bon-heur est parfait;

15

vous n'êtes pas un homme à faire l'amour en vain, & je suis persuadé que vous en avez du moins autant donné que vous en avez pris?» Le Duc de Guise ne vouloit faire aucun tort à cette personne; il assura Dugua qu'il étoit amant infortuné, & que ç'avoit été par le moyen d'une fille gagnée, & sans la participation de la maîtresse qu'il étoit entré dans sa chambre; mais Dugua le crut plus discret que sincere, & ne doutant point qu'on ne trahît ses feux, il se retira le plus jaloux & le plus affligé de tous les amans.

Il avoit impatience qu'il fît jour le lendemain chez Madame de Saint-André, pour aller faire mille reproches à son infidelle pretenduë, mais il trouva qu'il l'acusoit avec injustice; outre que le Duc de Guise ne lui avoit jamais dit un mot d'amour, elle avoit passé le soir precedent chez Mademoiselle de Châteauneuf, qui étoit son amie, & avoit couché avec elle, comme cela lui arrivoit souvent.

On détrompa si bein Dugua, qu'il fut impossible qu'il lui restât aucun soupçon; mais dans les témoignages qu'on fut obligé de demander à Mademoiselle de Châteauneuf, on l'éclaircit de la vérité, & on lui fit comprendre que le duc ne sortant point de chez la Maréchale, sortoit assurement de chez Madame de Sauve.

Elle se fit redire exactement par Dugua les circonstances de cette histoire, & courant raconter à Mademoiselle d'Elbeuf: «N'en doutez-point s'écria la princesse, quand elle l'eut entenduë, nos ressentimens sont trahis, & le Duc de Guise est racommodé avec cette enchanteresse. Vous me faites revenir mille choses dans l'esprit, qui confirment ce soupçon. Je me souviens que le soir de la fête que le Roi donna les premiers jours de ce printemps à Fontainebleau, ils disparurent à même temps, & que pendant le reste du divertissement ils se regarderent plus obligeamment qu'ils ne l'avoient accoûtumé. Depuis ce jour-là elle ne lui fait plus aucune de ces avances de reconciliation qui frapoient les yeux de toute la Cour: c'est qu'elles ont eu leur effet, & que ce foible prince a donné dans les pieges qu'on lui tendoit. Hélas! Il avoit tant dit qu'il n'y donneroit jamais! Qu'a-t-il fait de sa raison et de son courage? & comment cette coquette a-t-elle pu lui faire si tôt oublier ce qu'il devoit à la confiance de la Reine de Navarre, à nos interêts, & aux siens propres?»

En achevant ce dernier mot, elle passa chez la Reine de Navarre, à qui elle dit avec beaucoup de marques de douleur & de colere, le nouvel outrage que leur faisoit Madame de Sauve. La Reine y fut tres-sensible; elle n'étoit pas d'un temperament jaloux, & en plusieurs rencontres elle avoit donné des témoignages publics de sa complaisance;[54] mais l'orgueil de Madame de Sauve l'avoit irritée, & elle estimoit assez le Duc de Guise pour avoir un violent dépit de ce qu'il avoit pu la tromper.

«Votre cousin en use mal avec moi, dit-elle à Mademoiselle d'Elbeuf; je ne me suis engagée à desservir la de Sauve qu'à sa consideration. Pour lui, & par lui, j'ai consenti à faire exposer le Roi mon mari au peril où il a succombé; j'ai depuis ce premier accident couru risque de plusieurs autres; j'ai semé la mesintelligence entre mon frère & mon époux; j'en suis en froideur avec le dernier, & pour peu qu'il continue à se plaindre, j'en serai peut-être regardée de mauvais œil par le Roi;[55] & pendant que je me sacrifie de cette sorte aux interêts du Duc de Guise, il trahit les miens, & me livre aux ressentimens d'une coquette offensée! Il me met en droit de tout faire pour me venger, & je ne differerai cette vengeance qu'autant qu'il faut pour être mieux éclaircie de la vérité.

Mademoiselle d'Elbeuf avoit elle même trop de colere pour s'opposer à celle de la Reine de Navarre; la jalousie de la beauté grave des ressentimens éternels dans le cœur d'une jeune personne,[56] & cette princesse ne reconnoissoit plus le Duc de Guise dans l'amant de Madame de Sauve. Elle entra dans tous les sentimens de la Reine de Navarre; elles observerent ensemble, & firent observer le duc, & elles firent jouer tant de ressorts, qu'elles surprirent une lettre de l'amant à la dame, dont j'ai cru qu'on seroit bien aise de voir ici une copie.

LETTRE DU DUC DE GUISE

à

MADAME DE SAUVE [57]

L'amour n'a fait ses misteres que pour nous, Madame, & j'ai pitié des amans qui cherchent quelque félicité dans une passion déclarée. J'en avois une pour vous autrefois, qui n'étoit que de ce caractere; je puis faire la difference de ce que je sentois, & de ce que je sens: Hélas! Madame, que mon bonheur étoit mediocre, en comparaison de ce qu'il est; les entretiens dont vous me favorisez étoient sçus ou devinez de tout le monde; on m'en déroboit tout ce qu'on en pouvoit découvrir. Que jai de joïe de me voir exempt de ces larcins, & que je comprens qu'ils étoient precieux par le plaisir que je trouve à n'y être plus exposé. Je fus honoré de la confidence d'un de mes rivaux; il se plaignit à moi de ce qu'il n'étoit pas assez bien traité, & aprés m'avoir protesté qu'il vouloit se guerir, il me demanda cordialement de quel secret je m'étois servi pour vous chasser de mon cœur. Vous pouvez croire que je lui en donnai de tres-bons, & que ce ne fut pas sans beaucoup de plaisir que je soutins pendant deux heures un entretien si rare & si ingenu. Il n'est pas le seul dont l'amour m'ait regalé. La dame aux cheveux de Phœbus[58] a deux poetes gagez qui ne font autre chose que loüer envers les froideurs que je vous témoigne; on les nomme grandeur de courage, fermeté d'ame, & peu s'en est falu que sur la foi de ces qualitez, on ne m'ait destiné à quelque heureuse aventure. Je ne l'aurois conduite que jusques au point qu'il faloit pour vous en faire un sacrifice, ma belle dame, & je vous en ai fait un si entier & si sincere de tous les desirs de mon cœur, que c'est en vous seule qu'il faut chercher l'objet de toutes les ardeurs, & de toute la fidelité du

DUC DE GUISE.

Il est aisé de comprendre ce que produisit cette lettre dans l'esprit de la Reine de Navarre; elle s'y reconnut pour la dame aux cheveux de Phœbus; elle

17

n'ignoroit pas que le blond des siens pouvoit authoriser cette métaphore; elle sçavoit de plus que par son ordre Marot[59] avoit fait quelques vers sur le mépris que le duc témoignoit d'abord pour les retours de Madame de Sauve, & sensiblement offencée de ce qu'on joignoit les railleries à la dissimulation, elle alla porter au Prince son frère[60] la lettre qu'on avoit fait intercepter. Il en faisoit le plus outrageux des articles: il étoit ce rival ingenu qui, seduit par les marques d'affection qu'il avoit reçues du Duc de Guise dans la querelle du Roi de Navarre, lui avoit confié ses mécontentemens & ses desseins. Il ne put voir sans une colere extrême l'usage qu'on faisoit de cette confidence, & non seulement la haine qu'il avoit euë pour la maison de Guise se réveilla, mais craignant qu'à la Cour il ne fut mal-aisé d'en faire éclater les effets, il resolut d'en partir et de s'appuyer d'une puissance dont tout le credit du Duc de Guise ne pût soutenir l'effort.[61]

J'ai dit dans un autre endroit de cette histoire, que le Prince de Condé étoit chef des Protestans d'Allemagne; il étoit fils de ce Prince de Condé qui fut tué à la bataille de Jarnac, & se trouvant malheurement engagé dans les nouvelles erreurs, il tâchoit avec plusieurs autres princes de sa secte à vanger le massacre de la Saint-Barthélemy. Il avoit apris de l'exemple & des conseils du feu prince son père à regarder avec chagrin le grand credit de la maison de Guise. Divers démêlez avoient converti cette legere jalousie en haine declarée, & croyant que la mort de l'Amiral eût inspiré les mêmes sentimens à Monsieur, il l'avoit souvent fait solliciter secretement de s'échaper de la Cour, & de venir à celle de l'Electeur Palatin, au nom duquel il lui offrit de l'argent & des troupes. Monsieur qui naturellement étoit pacifique, & qui d'ailleurs étoit arrêté par les charmes de Madame de Sauve, avoit toujours rejetté ces propositions; mais la lettre que je viens de raporter lui faisant trouver licite tout ce qui servoit à sa vengeance, il envoya conferer avec le prince, qui étoit alors à Strasbourg, & se dérobant à la vigilance des gens qui l'observoient, il se retira en Berri qui étoit son appanage, & où il fut bien-tôt joint par le Duc de Damville, ennemi declaré des Guises, & chef des rebelles de Languedoc.[62]

La fuite de ce Prince alarma l'esprit du Roi, & mit toute la Cour dans une grande confusion. Les Ducs de Montpensier et de Nevers furent envoyez aprés lui; le Duc de Guise marcha sur leurs pas avec un petit corps d'armée de quatre mille chevaux & six mille hommes de pied, mais les uns, ni les autres ne l'atteignirent. Le Duc de Montpensier étoit peut-être bien aise que cette rencontre aprît à considerer un peu plus les princes du sang. Le Duc de Nevers dont les intention eussent été plus droites, ne put rien faire sans aide: & le Duc de Guise se trouva trop foible pour rien tenter, que ses forces ne fussent augmentées.[63]

On parloit fort diversement à la Cour des sujets de cette retraite. Les uns disoient que Monsieur avoit voulu venger l'attentat fait sur la personne de Bussi d'Amboise[64] son favori, qui avoit pensé être assassiné par l'ordre de Dugua, & pour lequel Monsieur n'avoit pu obtenir aucune justice du Roi son frère. D'autres pensoient que ce fût l'effet de quelque ruse de la Reine Mère, qui vouloit toujours qu'il y eût des troubles nouveaux dans l'Estat, afin de s'y rendre necessaire, & de maintenir son autorité,[65] mais Dugua fut mieux informé du fait qu'aucun autre. Mademoiselle d'Elbeuf qui le sçavoit parfaitement le dit à sa confidente Mademoiselle de Châteauneuf, celle-ci le découvrit à cette parente de la Marechalle de Saint-André, qui étoit si fort de ses amies, & cette autre à Dugua son amant, qui par méchante volonté contre la Reine de Navarre, comme par le chagrin de voir cette nouvelle guerre troubler l'oisiveté de la Cour, le redit au Roi, & le met dans une colere extrême contre la Reine sa sœur.

Il la lui témoigna par des paroles tres-aigres, & l'évasion du Roi de Navarre[66] qui presque en même tems se déroba de la Cour comme le prince, & se retira en Normandie, ayant achevé de mettre Sa Majesté de mauvaise humeur, la Reine de Navarre eut sa maison pour prison, & reçut beaucoup d'autres outrages, dont elle fut avertie que Dugua étoit le principal instrument.[67]

Elle se promit bien de l'en faire repentir, & c'est une promesse à quoi les gens prudens doivent éviter d'engager les dames, car elles la font rarement sans l'executer.

Cependant la Reine-Mère qui ne perdoit aucune occasion de persuader au Roi qu'il ne pouvoit se passer de ses soins, fut en personne tenter les voies de ramener Monsieur. Elle n'oublia pas à mettre Madame de Sauve de ce voyage,[68] & le prince ayant été averti qu'elles le faisoient, vint à leur rencontre jusqu'à Champigni, où il y eut de longues conferences.

Monsieur avoit un veritable ressentiment contre Madame de Sauve; il la reconnoissoit pour une coquette qui menageoit cinq ou six intrigues à la fois, & en qui aprés ce qu'il sçavoit de sa dissimulation, il ne devoit prendre aucune confiance. Mais elle avoit eu si grand ascendant sur le cœur de ses amans, qu'un instant de sa veuë détruisoit toutes les resolutions qui lui étoient contraires. Elle persuada au prince que la lettre qu'il avoit vuë était un artifice du duc de Guise pour les brouiller, qu'il l'avoit exprés fait tomber dans les mains de la Reine de Navarre & dans les siennes; & comme les interressez n'étoient pas presens pour la confondre, elle reduisit si bien cet amant au point où la Reine Mère le desiroit, qu'elle en tira les paroles d'une tréve de six mois, & fut comme en triomphe en porter les assurances au Roi son fils.

Le Duc de Guise fut averti des particularitez de cette entrevuë par le jeune Saint-Luc,[69] qui avoit été fait prisonnier de guerre à la rencontre d'un parti des troupes du Duc de Damville, & qui étoit sur sa parole auprés de Monsieur quand la Reine étoit venuë le trouver. Sainte-Luc étoit un des plus jolis hommes de la Cour; il fut depuis Mareschal de France, & comme il étoit ami particulier du Duc de Guise, il crut devoir lui faire une relation fidelle de tout ce qu'il avoit découvert.

Le duc étoit si politique & craignoit si fort que le succez d'un combat n'aprît aux princes du sang combien la conjoncture leur étoit favorable, qu'il eût peut-être pardonné à Madame de Sauve tout ce qui donnoit une tréve; mais en même tems il découvrit que ce n'étoit pas à la tréve seulement qu'on le sacrifioit, & que cette coquette faisoit au Roi de Navarre des justifications moins necessaires & plus importantes.

Ce monarque avoit été averti par les soins de la Reine sa femme du racommodement de Madame de Sauve & du Duc de Guise; il lui en avoit fait de grands reproches, & lui avoit écrit d'Alençon où il s'étoit retiré, que c'étoit pour n'être plus exposé à de pareilles trahisons qu'il s'étoit dérobé de la Cour.

Qu'il fût vrai ou faux que cela eût contribué à sa retraite, la Reine Mère voulut lui en ôter le prétexte. Elle obligea Madame de Sauve à l'assurer que son racommodement avec le Duc de Guise n'avoit été qu'une politique pour rompre la brigue qu'il faisoit contre elle; qu'à present qu'elle étoit rompuë, & que broüillé avec tous les partis il se trouvoit encore déchû du credit de la jeune Reine, elle lui promettoit tous les sacrifices qui pourroient le tirer d'erreur, & le conjuroit de venir lui donner des occasions de les lui faire.

Le Roi de Navarre étoit plus difficile à persuader que Monsieur; il étoit absent de Madame de Sauve, & craignoit que l'entrevuë de la Reine Mère & du prince ne fut préjudiciable au parti. Il envoya la lettre de la dame coquette au Duc de Damville, afin qu'il s'en servît comme il le jugeroit à propos, & le gentil-homme qui la portoit fut pris par un parti[70] des troupes du Roi, & amené au Duc de Guise.

Il ne put voir cette trahison de sa maîtresse sans des transports de colere & de jalousie inexprimables. Le mensonge qu'elle avoit fait à Monsieur avoit ses excuses; le duc l'avoit lui-même conjurée de cacher leur racommodement; la conjoncture étoit pressante, & d'ailleurs elle n'avoit fait que nier qu'ils fussent racommodez, elle n'avoit point offert de le sacrifier. Elle offroit ce sacrifice au Roi de Navarre, & lui aportoit tant de raisons pour prouver que la politique seule l'avoit fait agir, que le duc en demeura lui-même persuadé.

Combien se reprocha-t-il d'avoir attendu si tard à penetrer cette vérité? Il s'accusa de foiblesse & d'aveuglement; il detesta mille fois le moment où il avoit pris quelque confiance en cette coquette, & fortement resolu à la punir de toutes ses perfidies, il fit conduire à Monsieur le gentilhomme qu'on avoit pris & lui rendit toutes ses dépêches; il envoya un des siens au Roi de Navarre avec des copies de plusieurs lettres de Madame de Sauve, par lesquelles depuis leur racommodement elle lui offroit de lui sacrifier ce Roi, comme elle offroit alors au Monarque de lui sacrifier le duc. Et ne voulant pas laisser ignorer à cette femme que ses perfidies étoient découvertes, il lui dépêcha un autre de ses gentilhommes avec une lettre, dont comme de la precedente voici une fidele copie.

LETTRE DU DUC DE GUISE

à

MADAME DE SAUVE

Espargnez-nous des peines qui presentement seroient inutiles, Madame ; je sçai par la derniere lettre que vous avez écrite au Roi de Navarre, que la politique seule vous avoit obligé à me rappeler, & je renonce à des faveurs que la fortune & l'artifice dispensent. Je ne vous dis point qu'elles m'ont été précieuses quand j'ai crû les devoir à l'amour, vous n'en doutez pas. Et si mon juste dépit me forçait à le nier, mille transports le démentiroient. Mais, Madame, la mesure de l'amour devient celle de la haine dans un amant offencé. Vous m'avez trompé, vous me desavouëz à l'un de mes rivaux, & vous offrez de me sacrifier à l'autre. Tremblez, Madame, en songeant avec quelle ardeur & quelle delicatesse vous aimoit

Le DUC de GUISE

Ces menaces ne firent pas grand peur à Madame de Sauve ; elle avoit fait des preuves de son pouvoir qui lui en promettoient mille nouveaux miracles ; mais ce que le dépit du duc avoit de plus fâcheux, c'est que Monsieur ayant appris par l'envoyé du Roi de Navarre comme cette coquette tâchoit à se les conserver tous deux, & jugeant par la difference des excuses qu'elle leur faisoit, que les unes & les autres étoient fausses, retira les paroles qu'il avoit données à la Reine-Mère touchant une tréve, & la guerre devint plus allumée & plus opiniâtre qu'elle ne l'étoit auparavant. [71]

MAXIME III [72]

Que de malheurs, presens, ou préparez,
Accompagnent toujours, l'amour & sa manie ;
Que de maux nous causa ce trait de jalousie,
Et qu'il fallut de temps, pour les voir reparez !
Fatale passion, enchantement des ames,
Ah ! que le Ciel étoit irrité contre nous,
Quand on y vit écrit que tes funestes flames,
Auroient pour nos desirs quelque chose de doux.

Le Prince de Condé avoit apris avec beaucoup de chagrin que la Reine-Mère venoit trouver Monsieur ; les paroles de tréve qu'elle en avoit obtenuës jettoient la consternation dans tout le parti, [73] & les liguez craignoient avec raison qu'on n'employât ce temps à se mettre en état de rendre leur ligue inutile. Quand ils aprirent que cette proposition étoit sans effet, ils s'engagerent si bien Monsieur, que quand il auroit voulu renouer, il lui eût été impossible. On les fit traiter avec le Prince Casimir, frère de l'Electeur Palatin, [74] qui avec le Prince de Condé marcha vers le Bourbonnois à la tête d'une armée de vingt-cinq mille hommes. Monsieur s'avança à leur rencontre jusqu'à la plaine de Sozé proche Moulins, où il fit une revuë generale, & où le commandement fut deferé à Monsieur. [75] Ce coup

21

accabloit la Reine-Mère; elle s'étoit flatée de l'espoir d'avoir six mois de loisir pour y remedier, & outrée de dépit contre le Duc de Guise de ce qu'il lui rompoit ses mesures, il n'y a rien qu'elle n'eût voulu faire pour l'en punir.

Elle le rendit suspect au Roi, & l'accusa d'un dessein secret de continuer la guerre pour se maintenir dans une plus grande authorité; Sa Majesté lui en écrivit en des termes fâcheux, & un coup qu'il reçut dans le visage en ce tems-là, & qui lui acquit depuis le surnom de Balafre, l'ayant empêché d'agir le reste de la campagne, il sentit tous les effets du mal qu'il avoit, & il ne put employer son courage à le reparer.

Les prétextes de cette guerre étoient: 1. La necessité d'empêcher la ruine totale du royaume, en chassant d'auprés du Roi les personnes qui entretenoient les divisions. 2. Le dessein de retablir les princes du sang dans l'authorité deuë à leur naissance. 3. D'abaisser celle des princes étrangers, & ce dernier article regardoit specialement la maison de Guise.[76]

Le duc étoit fidellement averti de tout ce qui se passoit; on lui aporta même les manifestes que faisoient courir les princes liguez, dans lesquels il n'étoit pas épargné, & il jugeoit bien que s'il ne remedioit à sa disgrace, ou par sa presence auprés du Roi ou par quelque grande entreprise de guerre, son credit recevroit un dangereux échec; le coup qu'il avoit reçu l'arrêtoit malgré lui, & bien que par la suite il ne diminuât rien de sa bonne mine, les commencemens de ces sortes de blessures sont si defectueux, qu'il fut prés de deux mois sans pouvoir sortir de la chambre.

Pendant ce tems-là les adresses de la Reine-Mère n'étoient pas oisives. Elle avoit secrettement fait semer la division entre les Chefs, elle faisoit faire des propositions de paix, qu'on ne pouvait raisonnablement rejetter, & quand pour la conclure il falut en venir à quelques conferences, elle se fit suivre par des personnes si belles & si bien instruites dans l'art de plaire, qu'elles amolirent le courage de ces guerriers, & les porterent à une partie de ce qu'on souhaitoit d'eux.[77]

La paix fut donc concluë sur la fin du mois d'avril de l'année 1576, & cette armée si redoutable & qui auroit pû faire de si grands progrez, si la Reine-Mère ne les eût adroitement prevenus, ne servit qu'à faire triompher la politique de cette princesse, & à rendre son credit plus absolu.

Le Duc de Guise en éprouva de sensibles effets. Il sembla avoir été l'unique motif de la guerre, & qu'il fût la seule victime qu'on pouvoit immoler à la paix. Les Huguenots demanderent pour place de sureté toutes celles dont lui ou ses amis étoient gouverneurs; les propositions du Roi de Navarre qui fut compris dans ce traité, alloient directement à rabaisser le credit de sa maison, & quand il voulut s'en plaindre au Roi, il le trouva si froid, & vit si clairement que la Reine-Mère avoit alteré toute sa bien-veillance, que ce déplaisir lui fit prêter l'oreille aux propositions de la Ligue, & jetta les premiers fondemens de cette guerre intestine, qui pendant plusieurs années a déchiré les entrailles de ce royaume.

Elle n'éclata que long-tems aprés, & ne fut même entierement declarée que depuis la mort de ce prince;[78] mais il demeure pour constant qu'elle prit naissance dés l'année 1577, et il ne l'est pas moins, comme les Mémoires[79] sur lesquels je fais ce commentaire en font foi, qu'elle eut sa source dans les intrigues d'amour que je viens d'écrire.

Par cette fatale passion, le Roi de Navarre & le Duc de Guise se diviserent; par elle, Monsieur se sentit porté à s'allier avec les étrangers & donna le funeste exemple de les introduire dans le cœur de la France; les desordres domestiques de la maison royale, ceux qui troublerent le mariage du Roi de Navarre & de la Reine sa femme, les mécontentemens du Duc de Guise, & l'extremité où ils le porterent; tout cela, dis-je, a sa principale cause dans l'amour. Il n'est que trop suffisamment prouvé par les diverses intrigues qui composent cet exemple, que l'amour est le ressort de toutes les passions de l'ame,[80] & que si on examinoit soigneusement les moitifs secrets des revolutions qui arrivent dans les monarchies, on le trouveroit toûjours coupable ou complice de toutes.

Je vais tâcher à prouver de même, que s'il est funeste dans ses excez, il n'est pas moins à redouter dans ses commencemens; l'histoire du Maréchal de Bellegarde & de la Marquise de Termes s'offre à propos à ma mémoire pour fournir cette seconde preuve.

Ils étoient contemporains des personnes que j'ai déja citées, & comme à remonter jusqu'à la source des troubles, on trouve qu'ils auroient été évitez si le Roi Henri III avoit voulu à son avenement à la couronne donner la paix generale au Royaume; non seulement l'histoire du Maréchal de Bellegarde est une leçon fameuse des soins qu'on doit prendre pour combattre les premieres impressions de l'amour, mais elle me sert à joindre aux galanteries de mon sujet les veritez importantes de l'histoire generale.

FIN DE LA PREMIÈRE PARTIE
DU DÉSORDRE DE L'AMOUR.

MADAME DE VILLEDIEU

NOTES

EXEMPLE I

1 Though this somewhat *romanesque* image of Henri III is not exactly the one that history has left us of this monarch, Mme de Villedieu is not writing fiction. All of the facts here are accurate. Henri, at the age of eighteen and as the duc d'Anjou, was "Lieutenant-Général" of his brother's (Charles IX) forces and was responsible for two important victories over the Protestants during the civil wars of the sixteenth century: the Battle of Jarnac (March, 1569) and the Battle of Moncontour (October, 1569). Moreover, as Mme de Villedieu indicates, he had indeed undergone a kind of "royal apprenticeship" as he was elected King of Poland in May, 1573 upon the death of the last of that country's hereditary kings (the Jagellons). During the first part of his career, Henri did indeed display, as the novelist suggests, much promise.

2 Poland's "loss" here refers to Henri's hasty departure from the country after the death of Charles IX to assume the French throne. He left somewhat to the dismay of the Polish senate which had elected him; yet, he was far from a popular ruler in Poland.

3 His mother (who was, of course, Catherine de Medici, Henri II's wife) had come to meet him at the border between Savoy and France (see map in Appendix).

4 The king's younger brother, François, duc d' Alençon (also known as Monsieur), was the fourth son of Catherine and Henri II (see genealogical table in Appendix). His brother-in-law was Henri, King of Navarre, who was married to the king's sister Marguerite de Valois; and as Mme de Villedieu states here, Alençon and Navarre were practically prisoners in the queen mother's hands: the first, because he had sided with the Huguenots in hopes of securing the throne after the death of Charles IX; the second, because he was Protestant and had ties to their political organization.

5 This first maxim, like all of the others, is strategically placed within the nouvelle. It is at this point precisely that the reader will see a less flattering image of Henri III. The maxim "announces" this change. In fact, the king will no longer constitute the "subject" of the nouvelle. Another character, "ce tiran des plus illustres âmes," will henceforth occupy center stage: Love.

6 Henri, prince de Condé (1552–1588) was one of the leaders of the Protestant party with some ties with Protestant Germany. Henri III was indeed, according to early historians, enamoured with his wife, the princesse de condé (1553–1574).

7 Affairs of state.

25

[8] Divorce, of course, was out of the question but some members of Henri's court ("quelques flateurs") did suggest an annulment from Rome for the princesse de Condé which supposedly would have been justified on the basis that her husband was a heretic.

[9] Through the queen mother's instigations and maneuvers, Henri III did in fact marry Louise de Vaudemont (see genealogical table in Appendix).

[10] Mlle de Châteauneuf, like all of the "belles de la cour" mentioned here, is a historical personage whose name is linked romantically in the historical documents with that of the king.

[11] The princesse d'Elbeuf eventually married her cousin Charles, duc d'Aumale. She reappears briefly in the third nouvelle.

[12] The sieur de Sauve himself was employed in the services of the king as "secretaire des commandements" (Mézeray, II, p. 1084).

[13] Notice the subtle shift here to the present tense as the narrator leaves for an instant the domain of history (past tense) to offer this maxim as a commentary.

[14] The king is said to have fallen into a deep depression upon the untimely death of the princesse de Condé.

[15] This is one of those rare occasions where Mme de Villedieu invents. Mme de Sauve did not win over the king's heart. She was one of Catherine's confidantes and all the historical accounts describe her as an extraordinarily beautiful and fickle woman.

[16] The duc de Guise (1550–1588) was one in a long line of Mme de Sauve lovers. Moreover, Mme de Sauve was indeed partially responsible for making the duc's relative, Louise de Vaudemont (both of the House of Lorraine) Queen of France.

[17] Délicatesse: "Affectation d'une personne difficile à contenter." (*Dictionnaire du Français Classique*)

[18] see note 11 above.

[19] Mme de Sauve was indeed responsible for the exile of one of the Queen of Navarre's confidantes, though the queen in her memoirs (*Les Mémoires de Marguerite de Valois*) dates this incident after 1574. There was indeed then animosity between the two women.

[20] Courage: "Fierté, orgueil" (*Dictionnaire du Français Classique*).

21 The admiral referred to here is Gaspard de Coligny who was a Protestant leader. An attempt, organized by the queen mother, the duc d'Anjou (the future Henri III), and the duc de Guise, was made on his life on 22 August 1572. Coligny was a friend of Monsieur who had vowed to avenge his death; Monsieur thus had reason to dislike the Guises. The attempt on Coligny failed, however, and this led to the St. Bartholomew Massacre two days later.

22 The Château de Madrid, on the banks of the Seine, was the residence of the Queen of Navarre.

23 Navarre was a very charming and likable man and was indeed, according to the historical sources, somewhat of a flirt with women.

24 This is just one of the many intrigues of the Valois court where "many, both great and small, spent their leisure in duels and assassinations, often caused by some shameful intrigue. . .at the head of this seething mass of iniquity and of political, social, moral anarchy, stood. . .an intriguing queen mother" (Johnson, *Europe in the Sixteenth Century*, p. 425).

25 Le Comte Paul: the historical sources list this personage as Louise de Vaudemont's suitor before she became Queen of France as Henri III's wife.

26 The duc de Lorraine, best known for his opposition later to Henri IV.

27 "Apollon et Daphné": There are two versions of this myth; in both the nymph changes into a laurel which becomes the favorite tree of Apollo and with whose leaves he braids his crown (see, e.g., *Dictionnaire de la Mythologie Grecque et Romaine*).

28 Galanterie: "goût des intrigues amoureuses" (*Dictionnaire du Français Classique*).

29 Intervention of narrator.

30 The jealousy (and animosity) between the duc de Guise and Navarre is well documented (e.g., Mézeray, III) and was due to the fact that they represented two factions that had designs on the crown.

31 His relative, Mlle d'Elbeuf of the House of Lorraine, resented Mme de Sauve for having taken away the king's affections.

32 The implication here, historically plausible, is that the King of Navarre was motivated less by his resentment for the St. Bartholomew Massacre (which occurred on 24 August 1572 and during which the Huguenots leaders and thousands of their followers were slain) than by his new love for Mme de Sauve.

33 The King of Navarre is reported to have had many unfortunate affairs,

including the ones here with Mlle de Châteauneuf and Fosseuse (Françoise de Montmorenci).

[34] Their marriage was indeed annulled but not until 1599; this conversation was supposed to have taken place in 1574 according to Mme de Villedieu.

[35] Pièces: "tours" (*Dictionnaire du Français Classique*).

[36] The verbe "croire" in classical usage required the subjunctive mode.

[37] Marguerite de Valois in her memoirs confirms that her brother, Monsieur, became somewhat obsessed with Mme de Sauve and vehemently jealous of the King of Navarre (*Mémoires*, p. 65).

[38] All sources indicate that the king's younger brother was neither morally nor physically attractive.

[39] Narrator's intervention.

[40] In fact, the queen mother, among her many schemes and intrigues, attempted, for political reasons, to plant discord between the two princes. She hoped to prevent them from forming an alliance since the two together would have posed a threat to her preferred son, Henri III.

[41] Hence, the political, religious, and moral disorders of the sixteenth century. The disorders of love, however, will prove to be overwhelming for the monarch.

[42] The duc de Guise was related to both Louise de Vaudemont (Henri III's queen) and Marie Stuart (François II's wife).

[43] Again, Marguerite in her memoirs confirms that her husband accused her of siding with her brother against him and began to distance himself from her (p. 65).

[44] Love is indeed "le tiran des ames illustres." (*Maxime I*)

[45] Such a celebration is, of course, *vraisemblable* but is probably invented by Mme de Villedieu.

[46] The first part of this sentence (up to ". . .Bois de Bologne") is clear; in the second part, however, the result of the condition (the "si" clause) should be negative and should read: "il est (aussi) vrai que si mes aplications n'étoient pas justes, vous *n'auriez pas* reçu avec tant d'indifference les reproches que je vous fis."

[47] Of the two reasons given here, the second is perhaps more historically accurate.

The duc was indeed "ambitious" for the throne, as the so called "War of the Three Henries" attests (1585); but it is difficult to see how a "bonne intelligence" with Monsieur could have advanced his plans.

48 Another one of Catherine's schemes was to lessen the influence of the Guises over the king—who had access to him through their relative, the king's wife—by estranging the royal couple. Mézeray reports that the queen mother accused Louise of secretly seeing an old suitor (III, 74). That the scheme was designed to save Mme de Sauve from exile is pure speculation on Mme de Villedieu's part.

49 crédit: "Réputation, influence" (*Dictionnaire du Français Classique*).

50 Louis de Beranger du Gua(st) (1540-1575), who did indeed ingratiate himself with Henri III, was at the center of several of the court intrigues (see, e.g., Marguerite de Valois' *Mémoires*).

51 For Mlle d'Elbeuf's husband, Monsieur d'Aumale, see note 11. The other two personages mentioned here: Jacques de Lévis, Comte de Quélus and François d'Epinay de Saint-Luc.

52 Marguerite de Lustrac, wife of the Maréchal de Saint-André who was indeed at court at this date.

53 This is undoubtedly pure fiction.

54 Again according to her memoirs, the Queen of Navarre knew about and tolerated her husband's "indiscretions."

55 All this is "verified" by Marguerite in her memoirs.

56 Third intervention of the narrator who comments on the action.

57 This particular letter is of course a *romanesque* invention.

58 The blond reference is evidently to the Queen of Navarre who, unless she wore a wig, was not blond, however.

59 The poet Clément Marot was a Huguenot who also wrote psalms. He appears as a hero in an earlier work by Mme de Villedieu (*Journal Amoureux*, 1669).

60 Monsieur, not Henri.

61 Monsieur did indeed escape from court in September, 1575 and joined with duc Casimir, son of the Elector Palantine, at Sozé. Later, he had contact with the Prince de Condé, as Mme de Villedieu indicates. The novelist suggests, however, that the reasons were other than political.

[62] All of the indications here are accurate. Henri Damville, a Huguenot, was governor of Languedoc, a Protestant stronghold. (see map in Appendix)

[63] These precisions are taken directly from Mézeray (III, 78-79).

[64] Louis de Clermont d'Amboise was indeed Monsieur's favorite. He appears in another nouvelle by Mme de Villedieu (see Nouvelle II, note 42).

[65] The queen mother "hoped to act the part of mediator between the two religious parties and, by playing off the Guises against the Bourbons, to rule" (Johnson, 389).

[66] The King of Navarre escaped from court shortly after Monsieur in February, 1576.

[67] The Queen of Navarre was held responsible for her husband's escape and was put under what amounted to a house arrest by the king.

[68] The queen mother undertook this voyage in November, 1575, though there is no indication that Mme de Sauve was in the entourage.

[69] François d'Epinay de Saint-Luc, one of the king's favorites; see note 51 above.

[70] un parti: a military division. This is fiction of course.

[71] The truce that Monsieur signed in November, 1575 was broken after the King of Navarre's escape (who had remained at court, according to the historian Mézeray, because of his attachment to Mme de Sauve—III, 91).

[72] The last maxim summarizes perfectly the entire nouvelle.

[73] The Huguenot party.

[74] See note 61.

[75] Details taken directly from Mézeray (III, 81-93).

[76] These were in part the aims of the Catholic Leagues organized after 1576. These leagues were military organizations designed to defend the Roman Catholic and Apostolic Church and to assure the preservation of Henri III and the House of Valois as well as the restoration of the privileges of the princes of the blood.

[77] Details directly from Mézeray.

[78] Since the duc de Guise was assassinated in December, 1588, Mme de Villedieu is apparently referring to the last civil war of the period (1589-1595).

[79] Mme de Villedieu is probably using the term "mémoire" in a general sense to refer collectively to her sources (see introduction).

[80] A judicious reprise of the maxim which begins this example of the disorders of love.

MADAME DE VILLEDIEU

LES DÉSORDRES DE L'AMOUR

SECONDE PARTIE

Qu'on ne peut donner si peu de puissance
à l'amour qu'il n'en abuse.

Le Marquis de Termes, fils du Maréchal de ce même nom, par qui la seigneurie de Termes passa dans la maison de Bellegarde-Larry, d'où elle est passée ensuite dans celle de Bellegarde-Gondrain,[1] épousa par raison plutôt que par choix, une fille de Guyenne, dont les terres étoient voisines des siennes.[2]

Il étoit fort consideré du Roi Charles IX. Il commandoit ses gens-d'armes, & cette charge, comme sa faveur, le retenant ordinairement à la Cour, il n'avoit jamais vû cette personne lorsqu'il la fiança ; mais lui trouvant une beauté parfaite, & plus d'esprit et de politesse qu'on n'en a communément dans les provinces, l'amour qui n'avoit pû devancer le mariage le suivit. Le marquis ne pouvoit plus vivre sans sa femme ; il lui proposa de venir demeurer à Paris, & voyant qu'elle avoit plus d'inclination pour la solitude que pour le grand monde, il partagea son tems entre son amour & son ambition, & passoit en Guyenne la plus grande partie de l'année.

La marquise répondoit honnêtement à ces effets de la tendresse de son mari ; & il n'avoit aucun sujet de se plaindre de ses égards & de sa complaisance ; mais comme il l'aimoit avec une ardeur extrême, il ne pouvoit être satisfait que par une passion qui l'égalât. Il la lui demandoit avec un empressement dont il devoit se promettre toute chose, & il y joignit mille petits soins pour sa parure & pour son divertissement ; mais elle paroissoit insensible à l'un & à l'autre. Plus il faisoit d'efforts pour enflammer son ame, plus il y remarquoit de froideur, & soit que cette insensibilité fut contraire à son temperament, ou que se la reprochant, elle se livrât trop de combats pour la vaincre, il lui prit une fievre lente dont les medecins aprehenderent les suites.[3]

Le marquis étoit alors en Languedoc où le Roi faisoit un voyage. On lui manda la maladie de sa femme, & il en parut transporté de douleur ; il laissa le soin de sa compagnie & de toutes ses affaires de la Cour au jeune baron de Bellegarde, fils d'une de ses sœurs, que par l'agréement du Roi il avoit fait lieutenant,[4] & Courant au secours de la malade, il fit apeller tous les medecins qui étoient en quelque reputation. Leur science ne servit qu'à découvrir une tristesse secrette dans l'ame de la marquise, dont ils se crurent obligez d'avertir son époux. Il la remarquoit comme eux, mais il ne pouvoit en penetrer la cause : il ne manquoit rien à sa femme, il ne s'apercevoit point qu'elle eût de galanterie, qui quelquefois est une grande source de chagrins, & il ne lui donnoit aucun sujet d'être jalouse. Il crut que peut-être la marechalle sa belle mère, avec qui elle demeuroit, ne la traitoit pas aussi bien en particulier que devant le monde. Il voulut s'éclaircir de ce soupçon, & surprenant sa femme le visage mouillé de quelques larmes, qu'à son abord elle essayoit de cacher :

«Ne vous contraignez point pour ma presence, Madame, lui dit-il, je suis moins un époux severe que le plus intime de vos amis ;[5] dites-moi confidemment

33

ce qui vous oblige à verser des larmes, & croyez qu'il n'y a rien que je ne fasse, ou que je n'entreprenne, pour en arrêter le cours.» «Vous êtes trop bon, repartit tristement la belle malade, de vous appercevoir de ces effets de ma foiblesse; ils ne meritent pas d'être remarquez, & ce sont des sensibilitez ordinaires à une jeune personne qui a sujet d'aimer la vie, & qui se voit en danger de la perdre.» «Ha! Madame, s'écria le marquis, ce n'est point là ce qui vous fait pleurer; le malheur que vous feignez de craindre n'est encore, graces au Ciel, ny declaré, ny prochain, et quand il seroit vrai qu'il vous arrachât des larmes, vous ne feriez point d'eforts pour me les cacher. Elles pourroient être expliquées à mon avantage; la douleur d'être séparée de moi y serviroit d'un legitime prétexte; mais, Madame, ce n'est point cette crainte qui vous trouble; vous avez des maux plus sensibles & plus pressans, & vous m'en causerez de mortels, si je ne vous trouve plus d'ouverture de cœur & plus de confiance.»

Le marquis accompagnoit ces paroles de caresses si touchantes, & les mouvemens de son visage exprimoient si bien le chagrin qu'il avoit de celui de sa femme, qu'elle fut honteuse qu'il lui en restât encore. Elle donna un libre cours aux larmes qu'elle avoit retenues, & serrant une des mains du marquis entre les siennes: «Ah! lui dit-elle, avec une foule de sanglots, que vôtre honnêteté m'est cruelle, & que je vous serois obligée si vous me témoigniez autant de mépris & de dureté que vous me témoignez de tendresse & de consideration!»

Un discours si bizarre ayant augmenté la curiosité du marquis, il n'y eut rien qu'il ne mît en usage pour la satisfaire: il pria, il promit, il employa jusqu'à son authorité, & fit des commandemens. Plus la marquise tâchoit à moderer ce desir, plus il devenoit violent: «Hé bien donc, lui dit-elle un jour, vaincuë par ses importunitez, vous sçaurez ce que vous avez tant de curiosité à sçavoir; quelque malheur que cet aveu m'attire, il aura de la peine à me rendre plus infortunée que je ne le suis, & en tout cas je me sens si abbatuë, que le secours de la mort ne me sera pas long-tems refusé.»

Alors elle lui raconta comme dés son enfance elle avoit eu une violente inclination pour ce même Baron de Bellegard dont j'ai parlé; qu'il en avoit eu une semblable pour elle, mais que n'ayant pas assez de bien pour satisfaire l'avarice de son père, le marquis lui avoit été preferé. [6]

«Envisagez-moi dans cet état, poursuivit-elle, fondant en larmes, & jugez s'il y en a un au monde plus malheureux. Vous meritez toute ma tendresse, & bien qu'il me soit impossible de vous la donner, je mourrois mille fois plutôt que de rien faire indigne de la vôtre.[7] J'ai banni le jeune Bellegarde, & vous pouvez avoir remarqué que, depuis nôtre mariage, il n'est point venu dans cette province. C'est par mes ordres qu'il en demeure absent; je ne lui ai point écrit; je lui ai severement défendu de m'écrire, & quand ma vie dependroit d'un moment de sa conversation particuliere, je ne m'y exposerais pas. Cependant, puis que vous me forcez à vous l'avoüer, moins je le voi & plus je sens le desir de le voir; son absence, qui devroit l'effacer de ma mémoire, ne sert qu'à me persuader sa deference pour mes ordres. Je ne pousse pas un soupir, où je ne m'imagine que les siens répondent, & jugeant de ses peines par les miennes, il se fait en moi un combat de pitié, d'amour & de devoir, qui semble dechirer mon ame, & dont les effets sont si cruels pour elle, que de quelque côté que panche la victoire, elle me sera toûjours également funeste.»

Cette belle affligée auroit pû continüer de parler plus long-tems, si ses sanglots ne l'en avoient empêchée. Le marquis son époux étoit si surpris et si touché de ce qu'il entendoit qu'il n'avoit pas la force de l'interrompre. Mais enfin, ce premier trouble étant un peu dissipé, & la tendresse qu'il avoit pour elle triomphant d'un mouvement de jalousie qui le sollicitoit au mépris ou à la vengeance : «He ! Madame, lui dit-il d'un air languissant, pourquoi m'épousiez-vous si vous ne pouvez m'aimer ? Et que vous avois-je fait pour me rendre le persecuteur de la personne du monde qui m'est & qui me sera toujours la plus chere ?» «Je fis ce qu'il me fut possible pour ne vous épouser pas, poursuivit la marquise. Je refusai d'obeïr, je voulus me jetter dans un couvent ; et cent fois, il me vint une pensée de me faire mourir plutôt que de consentir à ce funeste mariage, mais j'étois jeune & timide, mon père étoit absolu sur sa famille, & d'ailleurs je ne croyois point mon amour aussi violent qu'il l'étoit. Comme il n'avoit jamais eu de but qu'un mariage, je pensois qu'il cesseroit, quand l'espoir de ce mariage seroit éteint. Vous êtes un des hommes du monde le plus accompli ; j'esperai que vous chasseriez aisement Bellegarde de mon cœur, & j'avois un desir si sincere de vous aider, que je ne doutai pas qu'il ne reüssît. Mais hélas ! Je me suis trompée, & bien que je vous trouve infiniment estimable, vous ne sçauriez empêcher que Bellegarde ne soit encore l'homme du monde le plus aimé.»[8]

Des aveus si rares & si ingenus penetrerent le marquis d'une douleur inexprimable ; il lui fut impossible de soutenir cette conversation plus long-tems. Il se retira dans sa chambre, & faisant reflexion sur la cruauté de sa destinée, il eut besoin de tout son courage pour ne pas succomber à son desespoir. Il aimoit ardemment la marquise & après elle, il n'aimoit rien tant au monde que son neveu. Il trouvoit dans ce jeune homme si bien fait, & dont il étoit le bien-faicteur, un rival qui lui enlevoit toutes les affections de sa femme. Cette idée lui rendoit toutes les vengeances legitimes ; mais comme il n'étoit pas moins honnête & moins raisonnable qu'amoureux, il se demandoit à lui-même de quoi il pouvoit se plaindre, & il trouvoit que les astres étoient seuls coupables. Il ne pouvoit imposer des loix à sa femme que d'avance elle ne se fût imposée. Elle n'avoit aucun commerce avec Bellegarde ; il ne cherchoit point à en avoir avec elle. La plus severe jalousie ne pouvoit leur prescrire d'autre maniere de vivre que celle qu'ils observoient, & s'ils rendoient le marquis le plus malheureux de tous les hommes, il les rendoit les personnes de la terre les plus infortunées.

Cette derniere consideration fut si puissante sur son ame, qu'elle surmonta toutes les autres. Il la fortifia pendant deux ou trois jours par toutes les reflexions que la prudence put lui suggerer, & au bout de ce tems, retournant voir sa femme avec une tranquillité où elle ne s'étoit point attendüe : «Tachez à recouvrer vôtre santé, Madame, lui dit-il, & sortez d'une contrainte que vous n'auriez pas soufferte si long-tems, si vous me l'aviez plutôt declarée. Je vous aime avec une ardeur que rien n'égale, & si je pouvois en esperer de vous une pareille, je prefererois la qualité de vôtre mari à toutes les fortunes du monde, mais je ne sçai point la conserver quand elle vous est odieuse. Je vais consulter ce qu'il y a de plus habiles gens de France, pour tâcher à rompre nôtre mariage. J'employerai auprés du Saint Père tout le credit que le Roi m'a fait l'honneur de me donner sur son esprit, & je vous jure en homme d'honneur, qu'il ne tiendra point à moi que je ne reüssisse. Si j'y parviens, Madame, vous me verrez bien-tôt vous donner mon neveu de ma propre main, & me consoler par vôtre felicité de l'obstacle que vous apportez à la mienne.[9] Et si malgré mes intentions, je demeure vôtre époux, du moins puis-je vous assurer que ce mariage fatal ne vous coûtera jamais de complaisances douloureuses, & que c'est ici le dernier jour de ma vie où je vous montrerai le visage d'un homme que, malgré lui, vous avez dû regarder comme votre tiran.»

Quelque honnêteté que la Marquise de Termes eût reconnuë en son mari, elle ne put croire que le discours qu'il lui faisoit n'eût que cette cause; elle crut au contraire qu'irrité de l'aveu qu'elle lui avoit fait, c'étoit par mépris qu'il se separoit d'elle, & le regardant avec une froideur respectueuse; «Vous avez raison, Monsieur, lui dit-elle, de me juger indigne de porter le nom de vôtre femme. Il y a long-tems que je fais le même jugement, & le remords qu'il m'a causé n'a peut-être pas été le moins sensible de mes maux. Je ne vous en fais toutesfois aucune excuse, on n'en doit point des crimes forcez, & s'il avoit été en mon pouvoir de prevenir par ma tendresse le divorce que vous m'annoncez, je vous prie d'être persuadé que je ne me le serois pas attirée.» «Ha! Madame, s'écria tendrement le marquis, je n'étois point préparé contre vos reproches, ils ébranlent toutes mes resolutions, & si, loin de m'accuser de mépris pour la qualité de vôtre époux, vous ne continuez à me témoigner de l'amour pour mon neveu, & ne me laissez voir toute la joïe que doit vous donner l'esperance d'être à lui, elle[10] sera fausse, & je n'aurai jamais la force d'executer ce que je me suis promis.» «Hélas! Monsieur, poursuivit tristement la marquise, que pouvez-vous vous promettre? & quelles esperances puis-je concevoir? Un moment de nôtre mariage a mis un obstacle invincible à tout ce que je puis desirer. Nous pouvons cesser de nous voir; nous pouvons d'un commun consentement renoncer à vivre ensemble; mais vous ne sçauriez vous empêcher d'être l'oncle du Baron de Bellegarde, & je ne puis changer la loi qui défend aux femmes d'épouser le neveu de leur mari. Demeurez donc auprés de moi, Votre vuë m'est plus utile que vôtre absence, & nôtre separation, me laissant à moi-même, me livreroit peut-être au plus redoutable de mes ennemis.»[11] «Je ne demeurerai point, Madame, reprit le marquis, & ce dernier discours repare tout le mal qu'a pensé[12] faire le premier. J'y remarque une douleur de ne pouvoir épouser mon neveu, qui va me faire tenter toutes choses pour le rendre vôtre mari. Adieu, Madame, vous ne me verrez plus que pour vous annoncer vôtre bonheur, & vous devez croire que si je ne le fais point, ce ne sera ni faute de soins, ni faute de sinceres intentions.»

Il la quitta en finissant cet adieu, & montant à cheval, il vint retrouver le Roi, auprés duquel il auroit de bonne foi fait ce qu'il auroit pû pour tenir sa parole; mais la mort ne lui en laissa pas le loisir; il fut tué à la bataille de Jarnac, & il fut aisé de juger par les dernieres heures de sa vie de ce qu'il auroit fait si elle avoit duré davantage.[13] Il declara qu'il n'avoit jamais tenu la Marquise de Termes pour sa femme, qu'il y avoit eu défaut de consentement dans leur mariage, & ajoutant qu'il vouloit la recompenser de son silence, sans toutesfois faire tort à son neveu, il le fit son legataire universel, à condition qu'il epousât sa veuve.[14]

Le jeune baron se fit lire deux fois cet article, sans croire l'avoir bien entendu. Son oncle n'avoit pas eu la force de lui dire ce qu'il sçavoit des sentimens de la marquise; c'est une nouvelle qu'on ne se resout point à porter soi-même à son rival.[15] & d'ailleurs comme il n'étoit pas assuré de pouvoir faire rompre son mariage, il ne vouloit point hazarder une confidence si dangereuse; mais quand les aproches de la mort la lui eurent rendu indifferente, & que par le trouble de son neveu, il comprit qu'il aimoit encore autant Madame de Termes qu'il en étoit aimé: «Ce n'est point le hazard, lui dit-il, qui m'a fait rencontrer si juste avec vos desirs: ils ne me sont pas inconnus. Un autre homme que moi, qui à ma place auroit été aussi bien informé, prendroit peut-être des soins contraires à ceux que je prens; mais j'aimois assez Madame de Termes pour sacrifier toute ma felicité à la sienne.[16] Conservez cherement cette mémoire, & si vous vous souvenez que sans y penser j'ai traversé vôtre amour, n'oubliez pas que, quand je l'ai sçu, je lui ai volontiers immolé tous les droits & tous les ressentimens du mien.»

Ces paroles furent les dernieres qu'il prononça de suite. Il mourut peu de temps après dans les bras de son neveu qui touché jusques à l'ame de l'action du marquis, se desesperoit de sa mort, & auroit sans doute combattu de sacrifices & de generosité avec lui, s'il avoit plus long-tems vécu. Mais comme il est inutile, quand les gens ne sont plus, de faire ces suppositions, le baron, que nous apellerons à l'avenir le Marquis de Bellegarde, ne s'y arrêta gueres. Il demanda congé au Roi pour aller faire un voyage en Guyenne, & si-tôt qu'il se fût aquité de ses devoirs envers le corps de son oncle, il courut porter lui-même à la belle veuve les dernieres volontez de son époux.

Elle n'en avoit aucune connoissance. Le nouveau marquis, jaloux qu'un autre eût porté cette nouvelle, avoit défendu qu'on la publiât. Il s'étoit contenté de faire sçavoir la mort, afin qu'à son arrivée il trouvât les premieres pleurs essuyées, & ses ordres ayant été fidelement suivis, la belle veuve fut bien surprise de le voir un matin entrer dans sa chambre. Elle rougit à sa vue & surmontant une tendre émotion qui, malgré sa vertu, la faisoit pencher vers la joïe: «Retirez-vous; lui dit-elle severement, je ne suis pas moins la veuve du Marquis de Termes, que j'en étois la femme, & je n'ai pas encore assez oublié ce qui m'empêchoit de vous voir pendant sa vie, pour vous voir si-tôt après sa mort.»[17] «Je n'ai pas moins de mémoire que vous, Madame, repartit le Marquis de Bellegarde, & quelque severes que fussent les ordres que j'ai reçus, je les aurois observez jusques à de nouveaux, si la bonté de mon oncle ne m'en eût relevé.»

Alors lui presentant le testament du défunt marquis & une lettre dont il avoit pris soin de l'accompagner, il surprit si fort cette femme par l'effet d'une bonté si extraordinaire, qu'elle eut dans un moment le visage tout couvert de larmes, & que Bellegarde vit l'heure où la reconnoissance & la pitié de son amante alloient rendre inutile la generosité de son rival.[18]

Le testament du Marquis de Termes fut d'abord publié dans toute la province de Guyenne, & y surprit si fort tout le monde qu'à peine pouvoit-on le croire, quoiqu'on le vît. On le soupçonna de fausseté; on pretendit qu'il n'avoit pas été au pouvoir du défunt de le faire, & quelques autres heritiers du marquis, dont cette donation aneantissoit les droits, voyant que, sans la condition d'épouser la veuve, Bellegarde ne pouvoit joüir du don, firent toute ce qu'ils purent pour empêcher ce mariage.[19]

Ils envoyerent en Cour de Rome traverser la dispense.[20] Ils publierent des médisances de la Marquise, qui sembloient la mettre dans la necessité de ne passer outre; ils disoient qu'elle avoit fait tuer son mari par un de ses propres domestiques, & qu'ensuite elle lui avoit fait donner un breuvage qui lui avoit troublé le sens, & dont ce testament étoit un effet.

Le père de cette belle dame étoit délicat sur le point d'honneur; il comprenoit que sa fille en épousant le jeune marquis authorisoit ces bruits, & lui defendit severement de conclure ce mariage. Craignant même que sa qualité de veuve ne la mît en droit de mépriser ses defenses, il en obtint de tous les evêques de Guyenne aux prêtres de leur dioceze de leur donner la benediction nuptiale, sur peine des censures ecclesiastiques.

La belle veuve & son amant envisageoient ces obstacles avec des transports de douleur & de tendresse qui auroient dû faire pitié à leurs propres ennemis. Le tems que le jeune marquis avoit été absent avoit achevé de perfectionner sa taille; le monde & la Cour avoient poli son esprit, & elle le trouvoit enfin si digne de toute l'ardeur qu'elle sentoit pour lui, qu'elle ne pouvoit se consoler de ce qu'on la rendoit inutile.

«Quoi! lui disoit-elle, il sera donc écrit dans le Ciel que je ne serai jamais vôtre femme? Le Marquis de Termes vivra pour nous aprés sa mort, & cette même destinée qui m'a donné des inclinations si violentes à nous aimer, a eu l'injustice de mettre à nôtre felicité des obstacles invincibles?» «Invincibles? Madame, s'écria le Marquis de Bellegarde. Ha! il faut donc qu'ils le soient dans vôtre cœur. J'avoüe que si je suis assez malheureux pour les y trouver, il n'y a ni droits, ni excez de passion qu'ils ne surmontent. Mais, Madame, s'il est vrai que vous m'aimiez encore, je vous épouserai, quand toutes les puissances de la terre s'uniroient pour m'en empêcher.» «Dites, poursuivit languissamment la belle veuve, que malgré toutes les puissances de la terre nous nous aimerons jusqu'à la mort. Mais, mon cher marquis, pour s'épouser, il faut des formalitez qu'on nous interdit, & sans lesquelles une femme telle que moi ne peut jamais être la vôtre.» «Quoi? Madame, interrompit douloureusement le marquis, la foi n'est donc plus qu'une chimere? et c'est en vain que je puis vous en donner une, la plus sincere & la plus inviolable qui ait jamais été donnée?»

La marquise n'étoit pas encore parvenuë au degré d'amour qui détruit entierement la raison. Elle s'offensa de ce que le marquis pouvoit lui proposer un mariage sans forme, & lui défendit sincerement de l'en croire capable.

MAXIME IV [21]

Mais hélas! il ne faut que donner à l'amour
Un leger droit, d'étaler son langage :
Ce premier pas, dans l'ame la plus sage,
L'expose à se voir quelque jour
Soûmise toute entiere aux effets de sa rage.
Jamais, aux cœurs bien nez, il ne se laisse voir
Qu'apparemment soûmis aux regles du devoir.
C'est la vertu, dit-il, qui l'anime & l'engage ;
Sans elle il ne seroit qu'une ardeur de passage.
A-t-il, sous ce masque trompeur,
Pris quelque pied dedans un jeune cœur,
Il en bannit toute l'horreur du crime.
La vertu, la raison, le desir pour l'estime,
La bien-seance & la pudeur,
Tout devient tôt ou tard la mourante victime
De cet impitoyable & rusé suborneur.

La Marquise de Termes soûtint encore quelque tems le caractere de femme jalouse de sa reputation. Son amour ne servoit qu'à faire éclater sa vertu, & chaque nouvelle propositon de l'amant étoit un triomphe pour la gloire de l'amante. Mais, comme plus elle se croyoit de fermeté, & moins elle prenoit de precaution contre elle-même, elle tomba insensiblement dans les foiblesses des autres femmes, & la vuë continuelle du jeune marquis effaça de sa mémoire les objets qu'il avoit interêt d'en bannir.

Il lui fit agréer de passer dans l'Estat de Savoye, dont il avoit vû le Duc en France au voyage qu'il y fit un peu avant la mort de Henry II. [22] Bien que Bellegarde ne fût alors qu'un jeune page de Monsieur le Dauphin, [23] il avoit reçu plusieurs marques de bien-veillance du Duc de Savoye ; il les avoit depuis soigneusement cultivées, & il espera que par le credit de ce prince, on pourroit obtenir une dispense de Sa Sainteté, ou que peut-être les evêques de Piemont seroient plus traitables que ceux de Guyenne. La marquise, seduite par cette esperance, suivit le marquis à Turin, [24] où ils furent tres-bien reçus du prince. Il leur promit azile & protection, & soit que Bellegarde ne laissât plus aprocher sa tante, que par des gens qui lui parloient en sa faveur, ou que ce soit une des fatalitez de l'amour d'abuser de la puissance qu'on lui donne, la marquise se trouva la femme du jeune marquis, sans qu'on ait bien sçu si elle avoit trouvé le secret de la devenir en conscience.

Les premiers jours de ce mariage comblerent ces amans de tant de felicité, qu'ils en étoient comme ennivrez ; ils ne se regardoient & ne se parloient qu'avec transport ; un moment d'absence leur durait une année, & le marquis renonçant à tous les desirs qu'une juste ambition donne aux gens de sa naissance, sembloit avoir borné sa gloire à plaire à sa nouvelle épouse.

MAXIME V

Mais felicité mensongere,
Vostre illusion passagere
N'a pas si tôt paru, qu'elle s'évanouit.
Le bonheur des amans est tout dans l'esperance ;
Ce qui de loin les éblouit,
Perd de prés son éclat et sa fausse apparence ;
Et tel mettoit un plus haut prix
A la felicité si long-tems desirée
Qui la trouve à son gré plus digne de mépris,
Quand avec son espoir il l'a bien comparée.

La Marquise de Termes étoit tres belle, & l'admiration de tout le monde en faisoit foi. Mais quand le marquis fut en possession de cette beauté, il lui sembla que peut-être l'auroit-il trouvée dans une personne qui auroit mieux accommodé ses affaires.[25] On traitoit en Guyenne l'évasion de la marquise de rapt, & on en informoit severement contre Bellegarde. Cette procedure lui fermoit les chemins de sa patrie, & il recevoit tous les jours des nouvelles de la Cour, qu'on l'y blamoit fort de l'action où il avoit porté la veuve de son oncle. C'étoit en vain qu'il s'excusoit sur le testament du défunt ; pour une personne qui le croyoit veritable, trente le jugeoient fabuleux. La Reine-Mère étoit du nombre des derniers, & faisoit un grand bruit de ses doutes. Non qu'elle fût trop delicate sur ces sortes de choses, mais Bellegarde avoit eu des differends avec Dugua, favori de Monsieur d'Anjou qui étoit Roi de Pologne. C'étoit le fils cheri de la Reine-Mère, & elle vouloit lui témoigner en toutes occasions qu'elle épousoit ses sentimens.[26] Elle obligea donc le Roi à se declarer contre le marquis ; il donna sa charge, & lui fit défendre de revenir à la Cour. Cette disgrace le desesperoit, & la marquise loin d'avoir quelque complaisance pour ses chagrins, & de prendre avec lui le caractere d'une femme prudente & soûmise, vouloit conserver celui d'une maîtresse delicate, & lui faisoit un crime de la moindre reverie.

«Je n'ai plus le don de vous divertir, lui disoit-elle. Vous êtes toûjours melancolique auprés de moi, & sans vous souvenir que, pour vous, j'ai renoncé à toutes choses, vous me laissez croire que je ne vous tiens lieu de rien. Que peut-il vous manquer quand vous me possedez tout entiere ? & quelle plus heureuse destinée souhaitez-vous, que de passer tranquillement vos jours auprés de moi ? Ai-je changé de cœur ou de visage depuis que cette destinée faisoit tous vos desirs ?»

Le marquis ne sçavoit que lui répondre, & n'aimant pas à se trouver confondu, il évitoit autant qu'il pouvoit d'entrer en explication. Ces fuites devenoient un nouveau crime, & lui attiroient de nouveaux murmures, & il s'y mêla des étincelles de jalousie. Comme il se trouvoit persecuté chez lui, il se plaisoit plus dans quelques autres maisons, & la marquise s'imagina que l'amour l'y retenoit. Elle s'en plaignit en des termes si injurieux, & fit des pieces si sanglantes aux personnes qu'elle soupçonnoit d'être ses rivales, que le marquis se fit un point d'honneur de la corriger. Il lui parla d'un ton d'époux qui vouloit être obeï, & ne pouvant ni la soumettre à ses volontez, ni se regler sur les siennes, il vint à la haïr plus fortement qu'il ne l'avoit jamais aimée.

Cependant le Roi Charles IX étoit mort ; & Son successeur partoit de Pologne pour venir prendre possession de la couronne de France.[27] Dans l'une de ces conditions comme dans l'autre, Dugua demeuroit toûjours son favori ; il l'avoit dépêché à la Reine sa mère pour l'avertir de sa marche & Bellegarde voulut profiter de cette absence pour tâcher à se remettre en grace auprés de Sa Majesté. On sçavoit par toute l'Europe que le Roi s'étoit dérobé de Pologne, & que le Senat étoit fort affligé de sa fuite. Bellegarde eut avis, par un ami qu'il avoit à Venise que la Seigneurie qui étoit alliée avec la Pologne, & qui avoit interêt à maintenir cette alliance pour empêcher les progrez du Turc, faisoit dessein, si le nouveau Roi passoit par les Terres de Venise, de l'y retenir adroitement, jusqu'à ce que les députez de Pologne l'eussent atteint.[28] Il jugea que ce seroit une rude ataque pour Sa Majesté, & que s'il pouvoit ou faire changer ce dessein, ou donner avis au Roi qu'il prît sa route par ailleurs, ce service effaceroit peut-être le souvenir du passé. Il communiqua sa pensée au Duc de Savoye, dont il étoit singulierement aimé, & non seulement il l'aprouva, mais il lui en confia une autre, dont il lui donna la negotiation.

La Duchesse de Savoye, femme de ce duc, étoit fille de François Ier & de Claude de Valois, sa premiere femme.[29] L'éducation qu'elle avoit reçuë d'une si bonne & si douce mère, jointe à des inclinations fort pacifiques, lui donnoient autant de desir de voir la paix dans tout le royaume de France, que la Reine-Mère en avoit d'y entretenir la guerre. Cette duchesse & le duc son mari menageoient depuis long-tems les princes d'Italie pour les faire entrer dans ce grand dessein. Le Duc Damville qui, comme je l'ai dit dans l'histoire precedente, étoit chef des rebelles de Languedoc, avoit engagé sa parole à la duchesse de contribuer à la paix de tout son pouvoir ; il venoit pour cela en Piemont, où le Duc de Savoye vouloit le presenter au Roi, & lui demander le pardon de sa revolte.[30] Le Duc de Savoye souhaitoit que les princes d'Italie, chez lesquels Sa Majesté passeroit, lui donnassent les mêmes conseils, & chargea Bellegarde de les en solliciter de sa part. Il le fit par autant d'adresse que de succez, & se servant à propos du pouvoir qu'il s'aquit auprés de quelques-uns, non seulement il fit changer la resolution de la Seigneurie, mais elle fit une reception magnifique à Sa Majesté, & renouvella si étroitement les alliances qu'elle avoit déja avec la France, que depuis, quelques desordres qui soient arrivez, elle ne les a point violées.

Le Roi n'avoit pas ignoré les desseins qu'elle avoit eus, & aprenant par des lettres du Duc de Savoye que c'étoit le Marquis de Bellegarde, qui par son adresse les avoit detournez, il lui donna le brevet de Marechal de France, & l'honora de tant d'autres marques de bonté, que sa faveur surpassa de beaucoup sa disgrace.

Ce n'étoit pas de quoi rapeller dans son cœur l'amour qu'il avoit eu pour sa femme. Il étoit si charmé de son nouveau credit, qu'à peine se souvenoit-il de l'avoir été d'autre chose. La marquise s'aperçut à son retour que sa froideur alloit jusques au mépris, & elle en conçut un dépit qui n'eut pas grand chemin à faire pour passer jusques à la rage.

Depuis qu'elle s'étoit mise en tête quelque soupçon de jalousie, elle avoit mis tant d'espions auprés de son mari, qu'il ne faisoit rien dont elle ne fût informée. Elle avoit surpris plusieurs lettres du marquis au Duc de Savoye, où il lui touchoit quelque chose du dessein de la paix, & une entr'autres où, aprés une longue conference avec le Duc de Modene, il marquoit que pour établir la paix il falloit ôter le maniement des affaires à la Reine-Mère, & qu'il n'y en auroit jamais de solide dans le royaume tant que son esprit y regneroit. La marquise n'avoit osé suprimer ces lettres, elle craignoit qu'on n'en fît des perquisitions qui parvinssent jusques à elle ; mais elle en avoit fait de fideles extraits, & chaque moment des mépris de son mari devenant un nouvel éguillon pour sa fureur, elle en fut si possedée que, pour se venger, elle avertit la Reine Mère de ce qui se passoit, & par cette trahison, rompit le projet où on travailloit depuis si long-tems.

Il étoit fort avancé ; la Duchesse de Savoye en avoit ouvert la proposition. Le Duc Damville qui avoit obtenu sa grace, & dont l'esprit insinuant avoit en peu d'heures fait de grands progrez sur celui du Roi, lui avoit conseillé de regner par lui-même, & de choisir pour executer ses ordres des gens vertueux & et bien intentionnez. Il avoit prêté l'oreille à ces sages avis. Pibac, qui avoit été envoyé par la Reine en Pologne pour y porter la nouvelle de la mort du feu Roi, & qui étoit encore à la suite de celui-ci se servit de son éloquence pour appuyer ce qu'on proposoit.[31] Bellegarde commençoit à être favori, & si la vengeance de la marquise eût differé quelques jours à éclater, la premiere expedition que le Roi eût signée eût été une lettre de cachet pour envoyer la Reine-Mère dans son appanage. Mais cette princesse, ayant apris le danger qui la menaçoit, y remedia si promptement qu'il fut impossible d'achever l'entreprise. Elle renvoya Dugua auprés du Roi, dont il connoissoit le foible, & sur lequel il avoit un merveilleux ascendant. A peine se fut-il montré qu'il rentra dans tous ses droits, & que Bellegarde ne lui servit plus que de lustre. Le chancelier de Chiverni, autre deputé & créature de la Reine Mère, vint seconder les charmes de Dugua : on donna des couleurs si noires à ce qui avoit été conseillé au Roi, qu'on lui rendit le Duc Damville suspect d'intentions criminelles. Il fut contraint de se sauver secretement de Turin pour retourner en Languedoc, & la Reine s'estant avancée jusques aux frontieres de l'Estat de Savoye, acheva de dissiper par sa presence tous les nauges qu'on avoit élevez contre elle.

Le Duc de Savoye acompagna le Roi jusqu'hors de ses Estats, & Sa Majesté ne voulant pas qu'il pût le soupçonner de défaut de parole, fit Bellegarde Mareschal de France comme elle lui avoit promis, mais ce fut avec tant de marques de froideur, qu'il étoit aisé de juger qu'elle lui tenoit sa promesse par un point d'honneur plutôt que par inclination.

Le nouveau mareschal eut de grands soupçons de la trahison de sa femme.

Elle n'avoit pu s'empêcher de mêler dans ses reproches certaines menaces qui tendoient à cela, & la Reine-Mère qui autrefois avoit été la premiere à se déchaîner contre la marquise, lui en parloit alors en des termes si avantaguex, qu'il comprit qu'elle l'y avoit obligée par quelque grand service. Il écrivit à la Duchesse de Savoye ce qu'il en pensoit, & aprés l'avoir priée de tâcher à découvrir cette verité, il la conjuroit, si la marquise étoit coupable, de la faire severement punir.[32]

Cette lettre trouva la duchesse à l'extremité. Elle étoit tombée malade quelques jour aprés le départ du Roi, & son mal fut si violent, que le duc son mari qui, sur cette nouvelle, revint du pont de Beauvoisin,[33] arriva trop tard d'une demi journée. Tout ce qu'il y avoit de dames de qualité à la Cour de Savoye ne quittoient point son apartement, & la nouvelle mareschalle y étoit assidûe comme les autres. Elle vit arriver un courier de son mari, que les medecins défendirent qu'on laissât parler à la malade. Elle se douta qu'il portoit quelque lettre, qu'elle avoit peut-être interêt de voir, & priant une des femmes de Madame de Savoye de s'en informer, elle la fit ensuite charger de la dépêche, afin, disoit-elle, de la donner à sa maîtresse si elle en trouvoit la commodité. Ce courier connoissoit la femme qui lui parloit pour être à Madame de Savoye, & son maître n'ayant pû juger qu'il trouveroit la duchesse en cet état, n'avoit pas pris de precaution contre cette surprise. Il avoit bien défendu qu'on donnât la lettre à sa femme, mais toutes les autres mains parurent bonnes au courier. Il donna sa lettre &, remontant à cheval en diligence, il alla dire au marechal l'état où étoit cette princesse. Elle ne vécut que peu d'heures aprés, & la marechalle, disant à la personne qui avoit la lettre que dans le trouble où on étoit elle seroit plus seurement entre ses mains que dans les siennes, la prit, & se retira dans sa chambre pour la lire en liberté.

Elle n'eut pas si-tôt veu ce qu'elle contenoit qu'elle jugea qu'il n'y avoit plus de seureté pour elle dans l'Etat de Savoye. Elle avoit usé de beaucoup d'adresse & de beaucoup de secret dans les larcins qu'elle avoit faits, & dans les avis qu'elle avoit donnez; mais cependant elle étoit coupable, & tôt ou tard les veritez se découvrent.

Cette reflexion la mit dans une extrême perplexité. Elle n'osoit retourner seule en Guyenne aprés ce qu'elle avoit fait; elle avoit honte de publier qu'un amant qu'elle avoit suivi au préjudice de tant de devoirs l'en eût si mal recompensée; elle n'avoit ni biens, ni établissemens ailleurs, & quand elle auroit pû trouver des aziles, elle eût donné au marechal un pretexte trop spécieux[34] si elle l'avoit quitté la premiere. Ne sachant donc à quoi se résoudre, & faisant mille imprecations contre la folle passion qui la reduisoit à cette extrêmité, il lui vint en pensée d'aller trouver la Reine-Mère, & de la suplier, puisque c'étoit pour l'avoir servie qu'elle tomboit dans ces dernieres infortunes, qu'il lui plût les soulager.[35]

La Cour étoit à Lyon, où la Reine Mère n'avoit pas peu d'affaires; c'étoit dans cette ville & en ce temps-là que le Roi avoit déclaré le dessein qu'il avoit d'épouser la Princesse de Condé. J'ai dit ailleurs l'interêt que la Reine avoit de s'oposer à ce mariage, & les obstacles qu'elle tâchoit d'y aporter.[36] Elle étoit dans le fort de cet embarras quand Madame de Bellegarde arriva, mais à son nom elle lui accorda volontiers une audience particuliere, & s'étant retirée de fort bonne heure, elle la fit introduire le soir dans sa chambre.

La mareschalle se jetta d'abord à ses pieds &, aprés avoir imploré son indulgence pour les fautes que son amour lui avoit fait commettre: «Il m'a fait trouver des dégoûts, poursuivit-elle, dans un mariage qui auroit dû faire toute ma felicité. Il m'a fait troubler le repos de l'homme du monde qui meritoit le mieux toutes mes affections,[37] & aprés m'avoir forcée à renoncer à mes parens, à ma patrie, & aux interêts de la gloire,[38] c'est encore lui qui me force à venir demander à Vôtre Majesté de protéger le Marechal de Bellegarde contre lui-même. Oüi, Madame, la maniere dont il me traite lui fait plus de tort que ses plus grands ennemis ne lui en sçauroient faire. Tout le Piemont, toute la France, & peut-être toute l'Europe, car mon avanture est assez extraordinaire pour y être répanduë, sont témoins que, pour cet ingrat, j'ai abandonné ce que la gloire & la fortune devoient me rendre plus cher. Que peut-on penser de la recompense que j'en reçois? Il me méprise; il m'abandonne; il écrivoit même à la feuë Duchesse de Savoye une lettre qui m'est tombée entre les mains, par laquelle il la suplioit de se porter à des violences contre ma personne. Empêchez, grande Reine, que par ce dernier effet de son ingratitude, il n'acheve d'attirer sur lui toute la justice du Ciel, & toute l'indignation des hommes. Si je ne l'aimois encore, tout perfide qu'il est, je ne manquerois pas de moyens pour me vanger de tant d'injures. La fuite qu'il m'a fait entreprendre a des aparences de rapt, que le moindre désaveu rendroit des certitudes, & si l'amour a perdu prés de lui tout son credit, la politique ne seroit pas si impuissante. Mais, Madame, ce n'est point à ces reproches que je veux recourir. Je demande seulement à Vôtre Majesté qu'elle daigne, par ses remontrances, rapeller dans le cœur de mon mari les sentimens que sa legereté en a bannis, ou que, s'il est obstiné dans ses ingratitudes, elle l'empêche de les porter jusques au comble de cruauté que j'ai sujet d'en craindre. »

Ce discours adroit qui, en ne touchant aucune chose à la Reine des avis que la mareschalle lui avoit donnez, lui demandoit en pure grace ce qu'elle auroit pû esperer comme recompense, disposa l'esprit de la Reine à tout ce que la mareschalle en souhaitoit. Elle lui promit protection contre le mareschal & contre tous ses ennemis, & l'ayant cette nuit fait loger chez sa dame d'honneur, le lendemain, si-tôt qu'elle fut hors du lit, elle envoya chercher le mareschal. Elle lui representa le tort qu'il se faisoit en traitant avec tant d'ingratitude une personne de merite & de naissance, que le feu Marquis de Termes son oncle s'étoit tenu honoré d'épouser, & aprés lui avoir dit que le Roi n'aprouvoit pas son procedé, & qu'il étoit resolu de proteger Madame de Bellegarde, elle ajouta qu'avant que d'en venir à cette extremité, elle avoit voulu tenter les voies douces; qu'elle avoit fait venir la mareschalle, qu'elle étoit à Lyon du soir precedent, & qu'il étoit encore en son pouvoir de se faire racommoder avec elle; mais que, s'il ne prenoit ce parti, & qu'il continuât à la traiter avec les mêmes indignitez, elle l'avertissoit que les bons Rois ne peuvent refuser justice à l'innocence oprimée.[39]

Pendant ce discours de la Reine, le visage du mareschal avoit changé vingt fois de couleur. Il avoit fait diverses perquisitions pour s'éclaircir de ses doutes. Il s'y confirmoit chaque jour de plus en plus, & persuadé que la Reine, qui étoit vindicative, se servoit de ce pretexte pour le perdre, il demeura quelque tems si troublé qu'il ne sçavoit que répondre, mais enfin s'étant remis:

« Il ne seroit pas necessaire, Madame, dit-il, que Vôtre Majesté interposât son authorité pour mettre ma femme bien auprés de moi, si mes ingratitudes pretenduës étoient le seul sujet de nôtre divorce. Madame de Bellegarde sçait bien dans son ame que je l'ai toûjours ardemment aimée, & si quelquefois elle m'a forcé à lui témoigner de legers mécontentemens, ils ont été des corrections de mari prudent, plûtôt qu'un veritable courroux. Mais, Madame, on m'a donné de si grands scrupules sur nôtre mariage, qu'à moins d'avoir une dispense authentique & de le refaire dans toutes les formes, je ne puis continuer de vivre avec Madame de Bellegarde comme j'y ai vécu.»[40] «Il faloit faire ces reflexions avant de partir de Guyenne, interrompit la Reine, & ne pas attendre à vous en aviser que vous eussiez vécu deux ans ensemble. Cette longue habitation a mis les choses dans un état dont vous ne pouvez plus les tirer sans noicir la mémoire de vôtre oncle d'une tâche éternelle. Mais afin de vous ôter toute excuse, je me charge d'obtenir du S. Père[41] la dispense que vous souhaitez &, en attendant, je garderai vôtre femme auprés de moi, de crainte que l'absence achevant de vous la rendre plus indifferente ne rendît mes sollicitations infructueuses. »

Le Mareschal se fut bien passé que la Reine eût pris des soins si officieux, mais il n'osa témoigner le chagrin qu'ils lui causoient. Il rendit au contraire beaucoup de graces à Sa Majesté de ce qu'elle daignoit les prendre, & esperant que le tems lui fourniroit des expediens pour sortir d'affaire, il s'estima pour ce jour fort heureux de s'en être si bien tiré.

La beauté de la mareschalle ne fut pas moins admirée à la Cour de France qu'elle l'avoit été en Guyenne & en Piedmont. Deux ou trois des plus honnêtes gens de la suite du Roi lui firent un hommage de leurs desirs, & entr'autres Bussi d'Amboise, favori de Monsieur, dont j'ai déja dit un mot dans la premiere partie.[42] C'étoit un des plus charmans & des plus braves hommes de son tems. Quoique jeune, il étoit experimenté, il connoissoit l'humeur des femmes, & il espera d'heureux effets de la vengeance de celle-ci.

Il lui rendit des soins, & chercha les occasions de la divertir. Le mareschal s'en apperçut, & fit cette remarque avec une joïe inconcevable. Il avoit écrit en Piedmont & en Guyenne pour faire faire une brigue à Rome contre les sollicitations de la Reine Mère; mais il craignoit avec raison qu'elles demeurassent les plus fortes; une intrigue de galanterie bien averée étoit un secours plus prochain & plus assuré, & il n'oublia rien pour s'en servir utilement.[43]

Il gagna une vieille femme de chambre de la mareschalle, qui autrefois l'avoit servi pour lui-même, & qui en avoit été assez bien recompensée pour le servir en toute autre rencontre. Cette femme alloit incessamment disant à sa maîtresse qu'elle étoit bien simple de vouloir avoir un mari par force, qu'elle étoit assez riche pour se passer de Bellegarde & de tout ce qu'il pourroit jamais avoir; que si elle l'en vouloit croire, loin de solliciter une dispense, elle solliciteroit une rupture, & qu'elle ne manqueroit pas de plus honnêtes gens que son mari qui la consoleroient de sa perte.

Madame de Bellegarde, qui croyoit cette femme bien intentionnée, ne lui vouloit point mal de ses conseils, & se contentoit de ne pas les suivre. Elle se devoit un mariage authentique; la vengeance l'y portoit autant que la gloire, & quand l'une & l'autre auroient pû se taire, les engagemens qu'elle avoit avec la Reine-Mère ne lui permettoient pas de prendre de nouvelles mesures. Cette princesse, comme l'avoit tres-bien jugé le mareschal, se cherchoit toûjours la premiere en toutes choses; elle n'avoit pas oublié le projet où Bellegarde avoit eu part en Piedmont, & elle vouloit lui donner en sa femme un espion affectionné, ou le contraindre à quitter la Cour s'il refusoit de bien vivre avec elle.

Elle avoit donc envoyé exprés à Rome pour avoir une dispense, & avoit obligé le Roi d'ordonner à son ambassadeur de la poursuivre. Il n'étoit plus tems de reculer, & Madame de Bellegarde, se faisant honneur de cette necessité, disoit à sa vieille femme de chambre pour toute réponse, qu'elle aimoit son mari malgré ses ingratitudes, & qu'elle renonceroit à la vie plûtôt qu'au desir de se racommoder avec lui.

«Ah! elle ne m'aime point, s'écrioit le mareschal, quand on lui raportoit ces discours. Si elle m'avoit aimé elle ne m'auroit pas fait les pieces qu'elle m'a faites. Elle aime sa gloire, & le rang que je tiens, & elle se considere toute seule quand elle veut empêcher que nôtre mariage demeure douteux. De grace, ma chere, dites-lui bien qu'avec une beauté comme la sienne, c'est ne sçavoir pas vivre que de renoncer à la galanterie. Raportez-moi les exemples que vous croirez capables de la seduire, & si quelquefois vous la surprenez dans un mouvement de vengeance, dites-lui qu'il n'y en a point de si douloureuse pour les époux que la felicité d'un galant. Si Bussi ne lui plaît pas, qu'elle en choisisse un autre; il m'est indifferent qui que ce soit, pourveu que je lui sorte de la tête, & qu'elle me fournisse un pretexte de rupture où la Reine Mère ne puisse que me répondre».

Il ne se contentoit pas de donner à sa confidente de si rares instructions, il tâchoit à rendre Bussi plus amoureux & s'imaginant que les mépris qu'il témoignoit pour sa femme la faisoient soupçonner de quelque laideur cachée, il se tuoit en presence de son rival de lui donner des loüanges, & de publier qu'elle étoit mille fois plus belle en des-habillé que parée.

«Mais, lui dit un jour Bussi, comment pouvez-vous faire ces aveus, & vivre avec elle comme vous y vivez? Je comprens bien qu'un époux injuste peut regarder sa femme avec de mauvais yeux, & la trouver moins belle qu'elle ne l'est, mais j'ai peine à comprendre qu'un homme qui tombe d'accord de toutes ses perfections, puisse la traiter avec tant de mépris.» «Vous êtes donc aussi de ces gens, repartit le mareschal, qui s'imaginent que c'est par dégoût ou par legereté que je suis broüillé avec Madame de Bellegarde?» «J'ignore la raison de vôtre divorce, reprit froidement Bussi, mais vous aurez de la peine à persuader au public que ce soit un excez d'amour.» «C'en est un toutefois, interrompit le mareschal. Je n'en dis point le détail, & j'ai mes raisons de le taire, mais Madame de Bellegarde sçait bien dans son ame que j'en suis plus amoureux que jamais, & tout le monde peut juger que la jalousie seule est capable de broüiller un époux avec une femme de cette beauté & de ce merite.»

Bussi n'avoit pas besoin que cette fausse confidence allumât ses desirs, ils n'étoient déja que trop ardens. La mareschalle qui s'en apercevoit, & qui ne vouloit point répondre à cette passion, ôtoit soigneusement à Bussi les occasions de lui en parler, mais ses regards & ses actions supléoient au defaut de sa langue, & n'étant pas satisfait de cette espece de langage, il voulut essayer si par ses lettres il pourroit se faire entendre plus intelligiblement. Il jetta pour cela les yeux sur cette même femme que le mareschal avoit déja gagnée. Elle avoit élevé Madame de Bellegarde dés l'enfance; elle conservoit encore avec elle le caractere d'une gouvernante absolüe, & par ordre du mareschal, elle laissoit croire à Bussi qu'elle recevroit favorablement ces propositions. Il les lui fit & les accompagna de quelques presens, qui ne furent pas refusez. La vieille rendit compte de tout à son maître, & en reçut de nouveaux ordres de flatter les feux de Bussi.

On lui fit d'abord de grandes difficultez, afin de l'engager davantage, & puis insensiblement on les adoucit. On prit de ses lettres, qu'on assura qu'on avoit fait lire. On y suposa[44] quelques lignes de réponse & on y ajouta que, si jusques à l'arrivée de la dispense, il vouloit se taire & se contenter de cela, ce silence seroit dignement recompensé. Le mareschal prenoit ce délai dans l'espoir que les persuasions de la vieille auroient enfin leur effet, & qu'avec l'arrivée de la dispense on accompliroit les predictions. Suposé même qu'on ne les acomplît pas, les lettres de Bussi pouvoient toujours être bonnes à quelque chose, & le mareschal jugeoit à propos d'en assembler le plus grand nombre qu'il pourroit.

Le parfait amour rend si docile que d'abord cet amant consentit à tout ce qu'on souhaitoit, mais il ne fut pas long-tems sans se lasser de sa soûmission, & sans demander que la bouche de la mareschalle l'asseurât de son bonheur. La vieille femme de chambre fit ce qu'elle put pour le faire contenter à moins. Elle lui disoit qu'on gâtoit ses affaires quand on vouloit les precipiter, qu'il devoit considerer le peril où s'exposeroit la mareschalle si, dans la conjoncture presente, elle donnoit à son mari de legitimes soupçons de sa conduite, & qu'elle auroit sujet de douter d'un amour qui la menageoit si peu. Mais c'étoit en vain qu'elle faisoit toutes ces remontrances; l'ardeur de Bussi ne lui permettoit pas de les goûter; il vouloit un entretien particulier, & on ne pouvoit, quoi qu'on pût faire, mettre la mareschalle en disposition de répondre à ses feux.

C'étoit une chose rare à voir que les dépits qu'en avoit le mareschal. Il faisoit autant d'imprecations contre la sagesse de sa femme que les maris jaloux en font contre la coquetterie des leurs &, se consommant en soins & en dépenses pour s'attirer le sort que redoutent les autres époux, il ne pouvoit se consoler de ce qu'il en étoit si bien preservé. Il recevoit tous les jours des avis que, malgré sa brigue, la dispense étoit accordée & prête à expedier. La Reine-Mère le lui avoit annoncé d'un air à lui faire juger qu'il n'en obtiendroit aucune grace; il n'en esperoit plus que d'une galanterie de sa femme, & il resolut de se retrancher sur une apparence, s'il ne pouvoit parvenir à une verité.

La Duchesse de Nemours, mère du Duc de Guise, avoit auprés d'elle une des filles d'honneur de feuë Madame de Savoye, qui étoit fort des amies du mareschal, & qui par hazard avoit quelque ressemblance avec Madame de Bellegarde. Elle n'avoit pas une beauté si parfaite, & leurs traits mêmes étoient differents, mais leur taille, leur air, & le son de leur voix avoient beaucoup de raport, & la Piemontoise pouvoit, dans l'obscurité, faire l'erreur d'un rendez-vous.[45]

La vieille femme de chambre fit croire à Bussi que Madame de Bellegarde vaincuë par ses importunitez lui en accordoit un, & il fut arrêté pour le lendemain à l'entrée de la nuit dans un jardin hors des portes de Reims, où la Cour étoit en ce tems-là. Ce jardin étoit public, mais on n'étoit pas dans la saison des promenades nocturnes. A peine le mois de mars étoit commencé, & cette année l'hiver avoit été fort rude. Le mareschal espera de pouvoir supposer la Piemontoise à la place de sa femme, & ensuite de donner sous main tant de faux avis à Bussi, qu'il se croiroit dispensé d'estre discret, & publieroit la faveur qu'il penseroit avoir obtenuë. Le mareschal connoissoit parfaitement la demoiselle qu'il vouloit employer, & il ne doutoit pas qu'elle ne le servît avec autant d'adresse que d'affection. Il fit donc peindre une litiere toute pareille à celle de la mareschalle, il fit secretement donner à cette fille un de ses habits, & resolut que, pour mieux tromper Bussi, la femme de chambre gagnée accompagneroit la Piemontoise. Mais il étoit écrit dans les astres que Madame de Bellegarde démêleroit toutes les intrigues de son mari, & son genie familier l'assista dans cette occasion comme en plusieurs autres.

Le mareschal, pour ne rien negliger, avertit la Piemontoise par un billet du moment & du lieu où on devoit venir la prendre, afin qu'elle se tint prête.Madame de Bellegarde étoit chez la Duchesse de Nemours quand ce billet fut aporté, & regardoit par hazard au travers d'une vitre lorsqu'un laquais du mareschal le donna. Il avoit cherché cette fille à la chambre de sa maîtresse & à la sienne, sans la trouver. Il la rencontra passant dans un petit jardin qui separoit l'apartement de Madame de Nemours de celui de Madame la Duchesse du Maine,[46] sa belle-soeur, & dans le moment de cette rencontre, Madame de Bellegarde avoit la vuë attachée sur ce jardin. Elle crut remarquer à une action de la tête & de la main que la Piemontoise disoit à ce garçon d'attendre, & fut touchée de quelque curiosité pour sçavoir le commerce que son mary avoit avec cette fille. Elle envoya un des gens de Madame de Nemours dire au laquais du Mareschal qu'il s'en allât, qu'on ne pouvoit lui faire réponse & quand, par ce faux message, elle l'eût fait partir, elle envoya un des laquais prendre à sa place la réponse qu'il attendoit. Elle portoit mêmes livrées que le Mareschal, & on ne connoît pas toûjours les laquais par le visage. La Piemontoise confondit aisement celui de Madame avec celui de

Monsieur, & la Mareschalle ayant, par cette voie, supris le billet, se retira promptement chez elle pour le lire. Elle trouva que cette fille representoit au mareschal que le jardin qu'il avoit choisi & qu'elle nommoit, étoit sujet à bien des surprises, qu'il y songeât, & qu'en cas qu'il changeât de dessein, il l'en avertit; que si toutes fois elle n'avoit point de ses nouvelles, elle tiendroit la chose pour resoluë, & ne manqueroit pas de se rendre au lieu qu'il lui avoit marqué.

Madame de Bellegarde n'aimoit plus assez son mari pour être capable de grande jalousie. Il n'y a point d'amour si violent qu'un long mépris ne chasse d'un bon cœur [47] &, comme le jugeoit tres-bien le mareschal, il entroit plus de dépit & de gloire que de passion dans tout ce qu'elle faisoit, mais elle étoit naturellement curieuse et se fit un plaisir de rompre à son mari des mesures de galanterie.

Elle se rendit au jardin une demi-heure plûtôt que la Piemontoise n'y dût venir, & elle y trouva déja Bussi qui l'y attendoit depuis plus de deux heures. Il courut à sa rencontre & lui embrassant tendrement les genoux, il la remercia avec des paroles pleines de transport de ce qu'elle lui tenoit si ponctuellement sa parole : «Quelle parole vous ai-je donnée, Bussi? interrompit fierement la mareschalle, & d'où vient que vous vous donnez la liberté d'embrasser mes genoux?» «Hé! de grace, Madame, reprit Bussi, renoncez à cette froideur qui m'a causé tant d'alarmes & coûté tant de soûpirs. J'avouë que j'ai peut-être été trop pressant, & que je devois m'estimer assez heureux de recevoir vos lettres. Mais, Madame, considerez qu'un ardent amour ne peut inspirer de foibles desirs, & que je serois indigne de la faveur que vous m'accordez si, par mille suplications & par mille importunitez, je ne vous l'avois arrachée.»

Ce discours fit comprendre à la mareschalle que sans doute on avoit commis son nom mal à propos &, n'ignorant pas les consequences de cette fourberie : «Vous me prenez pour quelqu'autre, ou vous avez perdu le sens, reprit-elle. Je ne vous écrivis de ma vie; je ne vous ai promis, ni je ne vous ai accordé aucune faveur, & je ne croyois point vous trouver dans ce jardin lorsque j'y suis venuë.» «Quoi! Madame, s'écria Bussi, ce n'est pas vous qui, aprés plusieurs prieres de m'accorder un entretien particulier, m'avez enfin fait esperer celui-ci? Vous ne m'en avez pas donné une asseurance de vôtre main, & ce n'est pas pour satisfaire à cette parole que je vous vois & que je vous parle dans ce lieu?» «Je n'ai rien fait de tout cela, continua Madame de Bellegarde, & vous m'avez mal connuë quand vous m'en avez crue capable. J'avouë que si les legeretez du Mareschal de Bellegarde ne m'avoient appris à regarder l'amour comme une chimere, j'aurois cru en remarquer dans vos yeux & dans vos actions. Une de mes femmes, qui par une longue habitude de liberté, se croit autorisée à me parler de toutes choses, a tâché de m'expliquer vos desirs, & m'a follement sollicitée à me venger de mon mari par un peu de galanterie, mais j'en ai severement rejetté la propositon, & on vous a trompé, si on vous a fait tenir un autre langage.

Bussi étoit si surpris & si émeu de ce qu'il entendoit qu'à peine pouvoit-il parler. Il s'apuya languissamment contre un arbre qui se trouva proche de lui, &

repassant dans son esprit les esperances dont on l'avoit flaté, & la fausseté qu'il y trouvoit: «Quoi! disoit-il d'une voix foible, il peut être vrai que j'aie été déçu, & que Madame de Bellegarde n'ait point répondu à ma passion!» «Non, Bussi, poursuivit la mareschalle, je n'y ai jamais répondu, & je suis assurée que les lettres que vous pretendez avoir de moi ne se trouveront point écrites de ma main. Je ne veux point d'affaire d'amour, & c'est en vain que vous avez esperé m'en donner une, mais je ne laisse pas d'être sensible qux tromperies qu'on vous a faites; elles me donnent de la pitié, & si beaucoup d'estime, & une amitié fort tendre pouvoient vous contenter, vous n'auriez pas sujet d'être aussi affligé que je vous voi.» «Helas! Madame, repartit Bussi, que cette amitié, toute precieuse qu'elle est, répond mal à mes esperances, & qu'un amant tombe de haut quand, aprés avoir dû se promettre un peu de complaisance pour ses desirs, il trouve que sa maîtresse n'est que son amie. On m'a tenu de vôtre part des discours obligeans; on m'a donné des lettres que j'ai crües de vôtre main; on m'a persuadé que vous veniez ici vous livrer seule à mes transports. Porterai-je la peine de ces mensonges, Madame, et serez-vous assez impitoyable pour m'abandonner aux fureurs d'une passion qui n'est devenuë extrême que sur les apparences de vôtre aveu? Si je ne m'en étois point flaté, j'aurois peut-être pris mon parti quand j'étois encore en état de le prendre. L'amour n'est pas excessif dés son commencement, & on le surmonte quand on choisit le tems propre pour le combattre. J'ai manqué ce moment; l'espoir dont on m'a déçû a mis ma passion hors d'état de recevoir aucun remede. La laisserez-vous me conduire à la mort, Madame, & le malheur où on m'a precipité, ne peut-il attirer quelques effets de vôtre compassion?»

Pendant que ces discours se tenoient, la Piemontoise arrivoit à la porte du jardin. Mais, apprenant par les gens de la mareschalle & par ceux de Bussi qu'ils y étoient ensemble, elle ne jugea pas à propos de se montrer, & envoya dire au Mareschal par la vieille femme de chambre le mauvais succez de leur entreprise. Il ne jugea pas devoir autant se plaindre du sort qu'on vouloit le persuader. Il crut au contraire que la mareschalle aimoit Bussi, & que l'amour rendoit la fausse assignation veritable. Il admiroit comme la vieille femme de chambre avoit été si finement trompée, & lui demandant ce qu'elle avoit fait de son habilleté, il l'envoyoit en riant prendre leçon à l'école de sa maîtresse. Cette personne jugeoit peut-être bien dans son ame qu'en cela il y avoit quelque surprise, mais les gens de ce caractere vivent de la prevention d'autrui & n'aiment pas à la faire cesser. Elle feignit de tomber dans le sens du mareschal; elle l'apuya de quelques remarques supposées, & fut la premiere à lui conseiller d'aller surprende sa femme. Si la Piemontoise avoit été presente, il est naturel de croire qu'elle auroit touché quelque chose des avis de son billet, & qu'ainsi on en auroit deviné la destinée, mais elle n'avoit osé venir chez le mareschal, & rien ne combattant son erreur, il courut faire le personnage que depuis long-tems il avoit envie de joüer.

Pour rendre même la chose plus authentique, il se fit accompagner de Fervaques, qu'il recontra dans son chemin. Ils arriverent ensemble à la porte du lieu où étoit Madame de Bellegarde, & l'y trouverent encore. Le mareschal donna ses ordres pour empêcher qu'elle fût avertie, & se glissant entre les palissades, il fut guidé par le bruit des voix jusqu'auprés d'un banc sur lequel la mareschalle & son amant étoit assis.

Fervaques ne comprenoit rien à ce mistere; on l'avoit prié de venir sans lui dire où on le menoit: «Que souhaitez-vous de mon service? disoit-il au mareschal. Est-ce une assignation d'amour, ou une affaire d'honneur qui vous amene ici? Car dans la saison où nous sommes, & à l'heure qu'il est, je ne croi pas que ce soit le desir de vous promener.» «Ne dites mot, repliquoit le mareschal en avançant toûjours, vous allez bien-tôt sçavoir de quoi il s'agit & alors lui faisant prêter l'oreille, ils entendirent qu'aprés une longue conversation, la mareschalle disoit à Bussi:

«Ne vous opiniâtrez point dans un dessein qui ne peut vous donner que du chagrin & de la confusion. Les folies que j'ai faites pour Monsieur de Bellegarde ont peut-être persuadé le public que j'en serois capable pour quelqu'autre, mais ce fut un caprice d'étoile, qui n'a jamais eu d'effet qu'en faveur de cet ingrat. Il eut seul au monde le droit de toucher mon cœur; il l'a long-tems conservé malgré ses ingratitudes, & quand il l'auroit entierement perdu, je suis naturellement assez vertueuse pour ne faire jamais d'autre galanterie. Je vous parle avec cette moderation, afin de vous persuader mieux ce que je vous dis, mais si aprés vous avoir protesté qu'on a faussement flaté vos feux, que je ne vous envoyai de ma vie ni billets, ni messages, & que je ne croyois point vous trouver dans ce jardin quand j'y suis venuë, vous continuez à me donner des marques de vôtre passion, je n'ignore pas avec quelle hauteur une femme de mon rang & de mon courage, doit traiter un homme qui persiste dans un espoir qui l'offense.»

Le mareschal étoit si prevenu au désavantage de sa femme qu'il crut que, malgré ses ordres, elle avoit été avertie de son arrivée, & qu'elle avoit tenu auparavant des discours contraires à ceux-là. «Votre finesse est inutile, Madame, dit-il en se montrant, vous avez été avertie trop tard, & nous avons entendu ce que vous disiez avant que vous crussiez avoir des témoins de vôtre entretien.»

La mareschalle étoit trop innocente pour s'allarmer de cette suposition. «Je ne crains ni les témoins, ni les reproches, repliqua-t-elle en se levant, & je vous estimerois bienheureux si vous pouviez legitimement en dire de même. C'est devant la Reine que je veux achever de me justifier, & ce sera par les fausses lettres que vous avez écrites en mon nom à Bussi, & par le billet de la demoiselle que vous suposiez en ma place, que j'éviterai tous les pieges que vous pouvez me tendre à l'avenir.»

Elle sortit en achevant ce dernier mot, & laissa le mareschal si confus et si depité que, s'il se fût crû, il se fût porté contre elle à quelque action indigne de son caractere. Bussi augmenta ce trouble par les reproches qu'il lui fit, & se plaignit si aigrement de ce qu'il le choisissoit pour l'objet de ses tromperies, que Fervaques se crut obligé d'avertir le Roi de cette querelle, afin qu'il empêchât les suites.

La Cour étoit fort grosse à Reims, le Roi venoit s'y faire sacrer, & par les persuasions de Madame de Sauve, épouser la Princesse de Vaudemon.[48] Tous les seigneurs qualifiez du royaume étoient accourus en Champagne pour assister à ces deux grandes ceremonies: il n'y en eut aucun qui n'apprît l'avanture du mareschal, & qui ne fût un conte bon ou mauvais sur l'envie qu'il portoit aux époux disgraciez. La Reine Mère l'en railla d'une maniere tres-injurieuse, et Bussi, dont le courage avoit peine à ployer sous quelque puissance que ce fût, n'eut pas autant de moderation que le Roi lui en prescrivoit. Il dit plusieurs choses picquantes au mareschal, & ils penserent plusieurs fois en venir aux mains. Monsieur, frère unique du Roi, qui aimoit Bussi comme lui-même, entra dans ses interêts, & soûleva contre Bellegarde tous les gens attachez à sa personne. Et ce qui inquietoit davantage le mareschal, c'est que la dispense étoit partie de Rome, & que la Reine parloit de la ratification de son mariage comme d'une chose dont elle avoit sa parole positive. Il ne put ni se resoudre à la tenir, ni s'exposer sans imprudence aux ressentiments de cette princesse: il partit de la Cour sur le pretexte d'aller à Paris conferer avec Pibrac sur le sujet d'une deputation que le Senat de Pologne avoit nouvellement faite au Roi, et au lieu de s'aquiter de cette commission & de revenir en rendre compte, il se retira une seconde fois en Piedmont, d'où il ne partit que pour surprendre le Marquisat de Saluces.[49]

Quand la Reine-Mère apprit cet effet de la vengeance de Bellegarde, elle lui promit qu'elle n'useroit plus de douces remontrances pour le raccommoder avec sa femme, & l'obligea de se mettre dans un couvent, mais cette promesse, & une entrevuë même qu'ils eurent sur cela, ne purent adoucir sa mauvaise humeur. Ce beau morceau fut demembré de la Couronne de France & passa depuis sous la puissance du Duc de Savoye, qui le possede encore.

Ainsi ce même amour qui dans la premiere partie de cet ouvrage a produit les semences de la Ligue, met dans celle-ci un obstacle secret à la paix generale du royaume, & nous a coûté une étendue de terre qui ne pourroit être reconquise qu'au prix de beaucoup de sang & de beaucoup de travaux.[50] C'est assez dire, ce me semble, qu'on ne peut trop en employer pour se garantir d'une si funeste passion. Mais comme les partisans secrets qu'elle a dans nôtre ame ne peuvent être vaincus que par un grand nombre de combats, il faut leur opposer divers exemples, & après avoir découvert la source de la Ligue, tracer un fidele tableau de ses horreurs & de ses homicides. Je la prendrai dans le commencement de sa declaration, & la conduirai jusques au siege de Laon, qui fut pour ainsi dire son agonie.[51] Dans ces cinq ou six années de son cours, il ne s'est rien fait de mémorable où l'amour n'ait autant de part qu'il en eut à son origine, & si, par les deux exemples qui fournissent ce premier & second tome, j'ai, à ce que je pense, suffisamment prouvé que l'amour est le ressort de toutes les autres passions de l'ame, & qu'on ne peut le combattre trop tôt, puisque ses moindres étincelles produisent de funestes embrasemens. J'espere ne rapporter pas de moindres preuves, que non seulement il fait agir nos passions, mais qu'il merite souvent tout le blame que ces passions peuvent attirer; qu'il nous conduit jusques au desespoir, & que les plus parfaits ouvrages de la nature & de l'art dependent quelquefois d'un moment de son caprice & de ses fureurs. Je ne doute point qu'en cet endroit plus d'un lecteur ne dise d'un ton irronique que je n'en ai pas toûjours parlé de cette sorte, mais c'est sur cela même que je me fonde pour en dire tant de mal, & c'est pour en avoir fait une parfaite experience que je me trouve autorisée à le peindre avec de si noires couleurs.

FIN DE LA SECONDE PARTIE
DU DÉSORDRE DE L'AMOUR.

MADAME DE VILLEDIEU

NOTES

EXEMPLE II

[1] The Maréchal de Termes actually existed (1482–1562) and is best known perhaps for his role during the last war between France and Spain (1556). His son, the marquis, is Mme de Villedieu's invention. This hardly matters as he is not a character in the nouvelle; the nouvelle concerns the duc de Bellegarde, a relative of the historical Maréchal de Termes.

[2] The Maréchal de Termes married Marguerite de Saluces (Saluzzo), a woman from Guyenne who is reported to have been one of the most beautiful women in the world (Mézeray writes of her: "l'une des plus belles femmes du monde" —III, 32).

[3] Here, one sees Mme de Villedieu's *romanesque* imagination in full gear.

[4] Bellegarde (Roger de Saint-Lary) was actually the grand-nephew of the maréchal in question; he did indeed serve as lieutenant under his uncle.

[5] One might consider this an echo or an anticipation of M. de Clèves (in Mme de Lafayette's *La Princesse de Clèves*) who utters essentially the same phrase to his wife: "Je ne vous le demande point comme un mari, mais comme un homme dont vous faites tout le bonheur..." (*La Princesse de Clèves*, ed. B. Pingaud, [Paris: Gallimard, 1972], p. 250)

[6] Whether or not Bellegarde and the "marquise" shared "une violente inclination dés [leur] enfance" is uncertain. The two did in fact have a relationship.

[7] Mme de Clèves gives the same assurances to her husband: "Quelque dangereux que soit le parti que je prends, je le prends avec joie pour me conserver digne d'être à vous...si j'ai des sentiments qui vous déplaisent, du moins je ne vous déplairai jamais par mes actions." (*La Princesse de Clèves*, p. 240)

[8] This confession, while pure fiction in terms of the actual words spoken, is historical in terms of the sentiments expressed: those of a young wife in love with her husband's nephew.

[9] This is somewhat reminiscent of Polyeucte's gesture by which he proposes that his wife Pauline should marry Sévère after his death (Corneille, *Polyeucte*, Act IV, Scene IV).

[10] elle: l'esperance

11 In reality, the heroine is far from a seventeenth-century *généreuse*; she is self-serving and egotistical, closer to La Rochefoucauld than to Corneille.

12 penser: "Faillir" (*Dictionnaire du Français Classique*).

13 The Battle of Jarnac, which was an illustrious victory for the duc d'Alençon (see nouvelle I, note 1), took place in March, 1569. The historical Termes, however, died seven years prior to this date in 1562. Perhaps Mme de Villedieu is confusing two different personages. At any rate, all of the specifications indicate that she is writing about the Maréchal de Termes; yet, she begins this nouvelle by referring to the maréchal's son, the Marquis de Termes. There is no evidence that such a person existed. (See note 1 above)

14 The Maréchal de Termes did in fact will his estate to Bellegarde; the stipulation that Bellegarde should marry the widow is probably Mme de Villedieu's invention—or, rather, her speculation.

15 Intrusion of the narrator as commentator.

16 Whereas M. de Clèves is tortured and devastated by jealousy, M. de Termes appears to be the *généreux par excellence*, sacrificing his own happiness for that of his wife.

17 This is essentially what the princesse de Clèves tells the duc de Nemours during their first encounter after her husband's death. But she goes even further in accusing the duc of M. de Clèves' death: "Mon devoir, repliqua-t-elle, me défend de penser jamais à personne, et moins à vous qu'à qui que ce soit au monde, par des raisons qui vous sont inconnues...Il n'est que trop véritable que vous êtes cause de la mort de M. de Clèves" (*La Princesse de Clèves*, p. 304).

18 A (La Rochefoucauld-like) commentary of the heroine's *volonté*.

19 This marriage was indeed opposed, though the reasons are unclear, but not by "les autres heritiers du marquis" since he had no children and probably no other living relatives. Bellegarde did have a younger brother, Jean de Saint-Lary, whom Mme de Villedieu does not mention here but to whom she may be referring.

20 A papal dispensation was sought and issued for this marriage in 1565.

21 As in the case with the duc de Guise in the first nouvelle, the first maxim here intervenes at precisely the moment where there will be a change in the heroine's behavior, where passion will take over to destroy all virtue.

22 The Treaty of Cateau-Cambrésis (April, 1559) which was to put an end to the war between Spain and France brought the duc de Savoie to France. The treaty was to be ratified by a double marriage: Philip of Spain was to marry Henri II's daughter (Elisabeth) and Emanuel Philibert, duc de Savoie, was to marry Henry II's sister (Marguerite). Henri II was hurt and subsequently died from wounds received during a tournament held to celebrate the first marriage.

23 "Monsieur le Dauphin" was of course François (II), Henri's son; but Bellegarde was not his page.

24 According to the terms of the Treaty of Cateau-Cambrésis, "France was allowed, by the Emperor Ferdinand, to retain the three Lotharingian Bishroprics, Metz, Toul, and Verdun, but had to surrender all her other conquests to Philip. . .except Turin, Saluzzo. . .and a few other places of importance in Piedmont" (Johnson, *Europe in the Sixteenth Century*, 257)—see map in Appendix.

25 Bellegarde was an extremely ambitious man and his marriage to his aunt proved to be a liability, as Mme de Villedieu indicates hereinabove.

26 The duc d'Anjou was indeed Catherine de Medici's favorite son. It is also true that there was some competition between Dugua(st) and Bellegarde as Henri favored the first while his brother, Charles IX, favored the second.

27 In May of 1574, two years after the St. Bartholomew Massacre and amidst the misery of civil war, Charles IX died and the duc d'Anjou abandoned the Polish throne to take his place (see nouvelle I, note 1).

28 Catherine de Medici had warned Henri to avoid North Germany since the "German Princes had too many causes of quarrel with France"; so he returned by way of Austria and Italy where he remained in Venice for two months (Johnson, 420).

29 See note 22 above.

30 Out of the weariness and horror of the civil wars was born a party called the "Politiques" which was determined and anxious to establish peace. One of its most influential leaders was Henri Damville, governor of Languedoc. In 1577, Damville abandoned this alliance and made his peace with Henri III.

31 Details directly from Mézeray (III, 1–30).

32 This is pure fiction and tends to make Bellegarde somewhat of a villain (or at least less than noble) in the eyes of the reader. This is not inconsistent with the impressions that one gets from the historical accounts and especially from Mézeray who leaves his reader to conclude that Bellegarde, in the latter part

of his career, was far from a noble personage.

33 Beauvoisin: near Lyon in the state of Savoy (see map).

34 a pretext to dissolve the marriage.

35 The second part of this sentence may appear somewhat unclear; its meaning: "...de la suplier...s'il lui plaît de les [ces dernières infortunes] soulager."

36 This is the subject of the first part of nouvelle I.

37 Her first husband, M. de Termes.

38 *Gloire*: in the Cornelian sense of reputation, duty, pride.

39 Given Catherine's character and the nature of the intrigues of the Valois court, these interviews, while pure fiction, are extremely *vraisemblables* (see Nouvelle I, note 24).

40 Here Mme de Villedieu modifies historical chronology. This conversation is supposed to have taken place in 1574. In reality, a dispensation was issued in 1565 for their marriage.

41 S. Père: Saint Père, the pope.

42 The sixteenth-century Louis de Clermont d'Amboise is somewhat famous for his numerous love adventures. He appears in an earlier work by Mme de Villedieu (*Les Amours des Grands Hommes*, 1671).

43 He anticipates using infidelity as an excuse to dissolve the marriage.

44 supposer: "Substituer, mettre à la place (en général frauduleusement)" (*Dictionnaire du Français Classique*).

45 This *romanesque* device, the *fausse rencontre*, places the next scene in the realm of fiction.

46 The duc de Maine (Mayenne) was the duc de Guise's brother; see genealogical tables.

47 Subtle intervention by the narrator.

48 This precision from the first nouvelle indicates that the action of this second one (1574–1575) can be situated within the time frame of the first (1574–1589).

49 One of the provisions of the Treaty of Cateau-Cambrésis (see notes 22 and 24 above) was that the Marquisate of Saluzzo was ceded to France. What Mme de Villedieu recounts here is a kind of "flash-forward" since the duc de Savoie (allied with Bellegarde) seized the Marquisate of Saluzzo in 1588. As in other places, Mme de Villedieu remains very close to the historical accounts. She transforms only what "generates" the historical events and not the actual events themselves. For her, Bellegarde's actions were the result of his difficulties with his wife; whereas historically, they can be more correctly attributed to his ambition.

50 In fact, in 1601, Henri IV exchanged Saluzzo with the duc de Savoie for Bresse, Bugey, and Gex (see map).

51 Another "flash-forward." After the death of Henri III, Henri IV, in order to secure the eastern frontier of his kingdom laid siege to Laon which surrendered in August, 1594.

LES DÉSORDRES DE L'AMOUR

TROISIÈME PARTIE

*Qu'il n'y a point de desespoir, où l'amour ne
soit capable de jetter un homme bien amoureux.*

EXEMPLE III

Givry étoit de la Maison d'Anglure, & avant que les factions qui penserent ruiner la France l'eussent divisée, le même Duc de Guise dont j'ai parlé dans le premier de mes exemples, & le Marquis d'Anglure, père de Givri, étoient intimes amis.[1] Ils étoient des mêmes intrigues & des mêmes plaisirs, leurs enfans avoient les mêmes maîtres, & bien qu'ils fussent d'une naissance inégale & destinez à des dignitez differentes, le Duc de Guise vouloit que les princes ses enfans vécussent avec Givry comme s'il eût été leur frère.

Ils obeïssoient sans repugnance à ce commandement. Givry avoit des charmes qui lui gagnoient tous les cœurs. La familiarité des princes ne faisoit qu'augmenter son respect, & cette union sembloit devoir jetter des racines éternelles. Mais ce qui n'épargna pas les nœuds les plus sacrez, ne devoit pas épargner l'amitié de quelques particuliers. La Ligue separa le Duc de Guise des interêts du Roi,[2] & le Marquis d'Anglure ne put se resoudre à les abandonner. Cette regle de devoir passa dans l'esprit du duc pour ingratitude & pour legereté. Et la catastrophe des Etats de Blois ayant allumé la guerre dans toutes les provinces du royaume,[3] Givry devint l'ennemi declaré des personnes qu'il avoit le plus aimées.

Ce changement de vie lui donna d'abord beaucoup de chagrin. Il s'étoit fait une douce habitude de la société des jeunes princes, & il admiroit les charmes naissans de la Princesse leur sœur, mais outre que le Roi Henry III l'attacha auprés de lui par des bienfaits & par de grandes esperances, la beauté de Madame de Maugiron vint encore au secours de son devoir.[4]

C'étoit une jeune veuve à qui les enfans du premier lit de son mari disputoient cette qualité, & que les personnes qui restent encore de cette maison ne mettent point au nombre des alliances legitimes. Le Comte de Maugiron, lieutenant pour le Roi en Dauphiné, l'avoit épousée par amour, & on pretendoit que la parole des mariez avoit consommé toute la ceremonie.[5] Soit qu'en effet la confiance de la dame eût été portée trop loin, ou qu'on lui eût suposé un prêtre, comme elle le soutenoit, elle s'étoit appuyée du credit de la Noue,[6] dont elle étoit parente, pour obtenir la protection du Roi, & faisoit à Tours, où Sa Majesté étoit en ce tems-là, un des plus grands ornemens de sa Cour.

Elle plut à Givry & ne fut pas insensible aux charmes de ce jeune seigneur. Il n'avoit encore que vingt & un an & ç'auroit été trop peu dans un autre homme pour bien entrer dans les delicatesses de l'amour. Mais Givry avoit reçu des faveurs de la nature qui l'affranchissoient de la regle des tems; il avoit avant dix-huit ans achevé ses études & ses exercices; il avoit une connoissance parfaite des belles lettres & des mathematiques; il possedoit les langues grecque, latine, & toutes les langues vivantes de l'Europe comme la sienne naturelle, & je marquerai dans la suite de cette histoire, qu'à vingt-deux ans il fut mis à la tête de la cavalerie legere de France.[7]

Un amant si parfait ne pouvoit manquer de faire beaucoup de chemin à une dame prevenuë pour lui d'une violente inclination. Elle ne pouvoit plus voir que lui avec plaisir. Elle faisoit des incivilitez publiques à tous ses rivaux; ils passoient des jours entiers en de douces conversations & quand elles étoient interrompuës par quelques effets du devoir de Givry, la belle veuve lui écrivoit des lettres si tendres qu'elles le consoloient en quelque sorte de ce qu'il ne la voyoit pas.

Il les portoit toujours ou sur lui, ou dans une cassette où il mettoit ce qu'il avoit de plus precieux; il les relisoit à toutes les heures de son loisir, & il prenoit plus de soins pour la sureté de sa cassette que pour la sienne propre. Cependant elle fut prise, avec tout le reste de son équipage, à la rencontre d'un parti des ennemis qui se trouva plus fort qu'un des troupes royales que Givry commandoit. Il fut sensible à cette perte comme un homme fort amoureux devoit l'être, & il avoit plus d'une raison de s'en affliger.

Les enfans du Comte de Maugiron étoient dans le parti de la Ligue; il craignoit que ces lettres ne tombassent entre leurs mains, & qu'ayant interêt à déchirer la reputation de leur belle-mère, ils ne les publiassent. Il ne pouvoit se consoler d'avoir exposé sa maîtresse à ce peril; & s'il se fût crû, il auroit tenté quelque entreprise temeraire pour recouvrer sa cassette. Mais comme il n'avoit pas moins de force d'esprit que d'amour, il prit enfin sa resolution, & il commençoit à ne plus songer à cet accident, quand on vint lui dire qu'un trompette du Duc de Mayenne[8] demandoit à lui parler, & portoit une cassette qui ressembloit à la sienne.

C'étoit celle-là même qu'on lui raportoit. Le trompette lui dit, en la lui donnant, que la Sainte Union[9] ne vouloit entrer dans aucune intrigue de galanterie; qu'elle s'étoit servie sans scrupule des pieces de son équipage qui pouvoient être utiles à la religion & au bien public, mais que les lettres d'amour n'étant pas propres à cet usage, on lui renvoyoit fidelement celles qui lui apartenoient.

Il soûrit de l'ironnie de ce compliment, & aprés avoir dit au trompette que le cœur des heros étoit assez grand pour satisfaire aux devoirs de l'amour & à ceux de la guerre, il accompagna cette réponse d'une liberalité, & s'enferma pour relire ses lettres. Mais il fut bien surpris de trouver sur un pli de la premiere qui s'offrit à sa vuë, des vers d'un caractere inconnu, dont voici une copie.

MAXIME VI [10]

La sensible delicatesse,
Suit toûjours pas à pas la sincere tendresse;
Il faut, pour aimer ardemment,

> Ressentir delicatement
> Tout ce qui part de ce qu'on aime;
> Mais on tombe souvent, sur cela, dans l'erreur;
> Et telle croit aller jusqu'au degré suprême
> Des delicatesses du cœur,
> Qui, si l'on se jugeoit severement soi-même,
> Trouveroit que ce sont des caprices d'humeur.

Givry voulut voir à quoi cette maxime étoit appliquée, & dépliant la lettre, il lut:

LETTRE DE MADAME DE MAUGIRON

Non, Givry, je ne serai jamais contente de vous tant que vous serez si persuadé que je dois l'être. Vous êtes assidu, fidelle & passionné, mais la pleine confiance blesse ma delicatesse, & le parfait amour exige tant de devoirs, que vous ne le connoissez point si vous croyez les avoir tous remplis. Devenez un peu plus capable de crainte, & je prendrai le soin de vous rassurer. Je n'ai pas envie que vous ignoriez vôtre bonheur, mais je voudrois vous en convaincre, & ne pas vous en trouver convaincu.

Quand Givry avoit déplié cette lettre, ç'avoit plûtôt été pour voir si les vers étoient écrits au hazard, que par aucun souçon qu'ils fussent une censure judicieuse. Il aimoit trop Madame de Maugiron pour la croire capable d'un caprice, mais à mesure qu'il examinoit le sens des vers, & celui de la lettre, il ne trouvoit pas cette derniere si exempte de blâme qu'il l'avoit cruë. Il se demandoit à lui-même s'il n'étoit pas vrai qu'il y avoit du caprice à n'être pas contente d'un homme qu'on reconnoissoit fidelle, passionné & assidu. Il ne decidoit pas encore en faveur des vers; mais il ne défendoit que foiblement sa maîtresse, & continuant à feüilleter les papiers de la cassette, il trouva sur une seconde lettre:

MAXIME VII

> La grande liberté dans les expressions
> N'est pas toûjours l'effet des grandes passions.
> On en reduit l'ardeur à des preuves frivoles,
> Quand on la dissipe en paroles.
> Il en est de l'amour, comme de la douleur.
> Plus elle observe le silence,
> Plus elle se renferme en secret dans un cœur,
> Et plus elle a de violence.

Givry se reprochoit comme une espece d'infidelité le jugement favorable qu'il faisoit de ces maximes, & malgré ce reproche, il en cherchoit toûjours de nouvelles & avoit une sensible joïe d'en trouver. Sur une lettre où Madame de Maugiron s'aplaudissoit du choix de son cœur, on avoit écrit:

MAXIME VIII

Une influence dominante,
Oste au choix de nos cœurs leurs blâmes & leur prix
Selon qu'elle est maligne ou bien-faisante,
D'un feu plus ou moins beau nous nous sentons [épris;]
Heureuse en qui ce souverain caprice
Devient un acte de justice;
Heureux le cœur qui marchant au hazard,
Persuade au public que la raison le guide.
D'un si rare bonheur, c'est l'astre qui decide,
Et le discernement n'y prend aucune part.

Sur une autre qui contenoit plusieurs reproches chimeriques, on avoit ajouté:

MAXIME IX

Quand, par d'heureux assortimens,
L'amour se trouve exempt de blâme,
Qu'on peut livrer toute son ame
A ses tendres ravissemens,
Il faut envisager le doux tems de la joïe
Comme un moment qui fuit & qui ne revient plus,
Et compter pour perdu tout celui qu'on emploie
En des reproches superflus.

Les autres maximes avoient simplement persuadé Givry que les lettres de Madame de Maugiron pouvoient être censurées avec justice, mais cette derniere porta ses reflexions plus loin. Il s'imagina voir une amante qui mettoit à profit tous les innocens plaisirs de l'amour, qui se faisoit une loi de cette tendre écononemie, & se representant le bonheur d'un homme qui touche un cœur de ce caractere, il s'en falloit peu qu'il n'y portât envie, & que dans ce moment il ne se laissât persuader que Madame de Maugiron n'estoit pas seule capable de faire sa felicité.

Il étoit alors à Amboise, où on avoit assigné le quartier de quelques troupes qu'il commandoit. Le Marquis de Bellegarde, Grand Ecuyer de France, & neveu de celui dont j'ai fait l'histoire dans la partie precedente,[11] passa par cette ville en revenant de l'armée qui étoit en Soulogne, & y passoit en partie pour voir Givry. Ils étoient intimes amis, & ne s'étoient jamais rien celé. Givry lui raconta l'avanture de sa cassette, & ils se la firent apporter pour la visiter ensemble, mais à peine Bellegarde eût jetté les yeux sur l'écriture des vers qu'il crut la reconnoître, & dit à son ami qu'il étoit trompé si elle n'étoit pas de Mademoiselle de Guise.[12] «De Mademoiselle de Guise!» repeta Givry. «Oui, poursuivit le Grand Ecuyer, j'ai connu en Piedmont, où j'ai été élevé auprés de mon oncle, une fille du baron de Vins qu'il y a mariée, & à qui Mademoiselle de Guise écrit souvent. J'ai vû quelques-unes de ses lettres, & je jurerois que les vers que vous me montrez sont écrits de la même main.»

Givry avoit fort admiré Mademoiselle de Guise quand elle étoit enfant.[13] Il consideroit en lui-même le degré de charmes où elle devoit être parvenuë, & c'est une douce tentation pour un homme de vingt & un an, que les avances de galanterie d'une belle & grand princesse. Il demandoit au Marquis de Bellegarde ce qu'il pensoit du sens de ces vers, si on ne pouvoit pas sans temerité les regarder comme une faveur, & en esperer d'heureuses suites. «Qu'auroient-elles d'heureux pour vous? repartit Bellegard. Un homme engagé doit plûtôt craindre que desirer ces sortes de bonnes fortunes. Elles donnent mille fatigues, & comme elles ne vont point au cœur, elles ne peuvent donner que de mediocres plaisirs.» «Vous croyez donc, repartit Givry, qu'une favorable prevention de Mademoiselle de Guise n'iroit point jusques à mon cœur?» «Je vous croi amoureux de Madame de Mau-giron, repartit Bellegarde &, si je l'étois, je me trouverois importuné de la bien-veillance d'une autre dame.» «J'avouë, poursuivit Givry, que je suis amoureux de Madame de Maugiron, & que je ne renoncerois pas à cette passion pour des vers dont j'ignore le dessein, mais si Mademoiselle de Guise les avoit considerez comme une faveur, Madame de Maugiron ne m'empêcheroit pas d'y être sensible. Je suis jeune, j'ai de l'ambition, & Mademoiselle de Guise est une des plus belles princesses du monde. On me traiteroit d'insensé si, pouvant avoir une intrigue d'amour avec elle, j'en manquois l'occasion. Je ne dis pas que je sois en passe de cela; vous pouvez vous tromper au caractere de ces vers, & quand elle les auroit écrits, ce ne seroit sans doute que par excez d'enjoument. Supposé qu'elle eût voulu me dégoûter de ma maîtresse, & me montrer qu'une autre personne pourroit me rendre plus heureux, je ne voudrois point lui donner le chagrin de s'être trompée, & je ne tiens pas que pour avoir eu à vingt & un an des émotions de cœur pour Madame de Maugiron, je doive regarder le reste des femmes avec des yeux d'anacorette.» «Ah! pauvre Madame de Maugiron, s'écria le Grand Ecuyer en souriant, que vos affaires sont en méchant état, & que si, de bonne foi, vous aimez Givry, vous allez être digne de compassion!»

Givry ne la croyoit point encore dans ce peril. Il trouvoit les vers qu'il avoit vûs aussi tendres que galans, & se souvenoit que Mademoiselle de Guise étoit autrefois un des plus beaux enfans du monde. Il se lassoit agréablement flater à la pensée qu'elle avoit daigné corriger des lettres d'amour qui lui appartenoient, & qu'elle lui en avoit envoyé les corrections écrites de sa main; mais comme tout cela étoit douteux, & que, quand il ne l'eût pas été, il recevoit des marques de la tendresse de Madame de Maugiron qu'il n'auroit osé esperer de Mademoiselle de Guise, il n'avoit pas resolu de renoncer à un bonheur effectif pour une esperance chimerique, et il retourna même à la Cour avec Monsieur de Bellegard afin, disoit-il, de chercher dans les yeux de Madame de Maugiron un preservatif contre les maux dont on le menaçoit.

Ils trouverent le Roi dans la joïe d'une nouvelle agreable qu'il venoit de recevoir. Le Roi de Navarre, en mettant les troupes royales en quartier, avoit été rencontré par un camp volant de l'armée des Ligueurs; il avoit combattu, & l'avantage lui étoit demeuré tout entier;[14] il y avoit fait plusieurs prisonniers d'importance & entr'autres ce même Baron de Vins [15] dont le Marquis de Bellegarde avoit cité la fille en parlant des vers de la cassette: Cet homme étoit une des plus fidelles creatures de la maison de Guise & une des meilleures têtes du Conseil de la Ligue: le Roi de Navarre l'envoyoit au Roi, afin que par ses bons traitemens il tâchât à l'engager dans ses interêts, & il arrivoit à la Cour au moment que Monsieur le Grand & Givry y arrivoient aussi. Ce dernier ne put se défendre d'une émotion extraordinaire à la vuë & au nom de ce prisonnier. Il eut plus d'impatience de l'entretenir que de voir Madame de Maugiron &, si-tôt qu'il put, lui parler en liberté.

«Ne vous serai-je point suspect, Monsieur le Baron, lui dit-il, & dois-je esperer qu'un souvenir de mon enfance me distinguera dans vôtre cœur d'avec le reste des royalistes?» «Vous vous en êtes distingué jusques ici par des actions si ruineuses pour nôtre parti, repondit Vins, qu'on vous feroit tort en effet si on vous confondoit avec la multitude. Ce n'est pas trop vous souvenir vous-même de cette enfance que vous rapellez dans ma mémoire, & je m'assure que, quand le feu Duc de Guise donnoit tant de loüanges à vôtre courage & à vôtre adresse, il ne croyoit pas que vous les employeriez un jour contre les princes ses enfans.» «Ce sont des engagemens de devoir, poursuivit Givry, que le Duc de Guise lui-même ne m'auroit pas conseillé de trahir. Je suis né sujet du Roi que je sers, & avant que je fusse en âge de faire un choix, on m'avoit inspiré une soûmission aveugle pour les loix de cette obeïssance. Mais, Monsieur le Baron, laissons faire ce jugement à des gens moins prevenus que nous le sommes, & me dites, je vous prie, quelques nouvelles de vos jeunes princes & de vôtre belle princesse. Ont-ils tenu ce que leur enfance promettoit; & Mademoiselle de Guise est-elle aussi parfaite à dix-huit ans, qu'elle le faisoit esperer à dix ou douze?» «Les princes sont dignes heritiers de la bravoure & de la magnificence de leur maison, repartit Vins. Celui que de vôtre tems on nommoit le Duc de Joyeuse, & qui s'est depuis peu sauvé du Château de Loches où on le retenoit prisonnier, est sage, posé, & tout propre à soûtenir le titre de fils aîné du duc son père.[16] Le Prince de Joinville sera un des hommes du monde le mieux fait,[17] & le jeune Chevalier, a un feu d'esprit & de cœur, qui donne un vif éclat à ses moindres actions.[18] Mais la Princesse leur sœur est infiniment au dessus de tout ce qu'on peut vous en dire; elle a mille charmes qui ne se trouvent qu'en elle, & des talens si fort au dessus de son sexe, qu'on peut dire que la plus grande beauté du monde est une de ses moindres qualitez. Vous avez veu un essai de ses talens, poursuivit-il en souriant, dans quelques vers qui vous ont été apportez par un trompette du Duc de Maine, & je m'assure qu'ils ne vous ont pas donné moins de curiosité que d'admiration.» «Quoi! s'écria Givry, c'est donc Mademoiselle de Guise qui a fait ces vers? & il peut être vrai qu'elle a pris soin de me renvoyer & de critiquer mes lettres?» «Elle l'a pris sans doute, repartit Vins, & ce fut moi qu'elle chargea de vous faire tenir cette cassette. Elle étoit tombée entre les mains du jeune Maugiron, qui est fort assidu à faire sa cour à nos princes. Il leur montra les lettres qu'on vous écrivoit, sans sçavoir d'abord l'interêt qu'il y devoit prendre. Et quand un homme qui a été son gouverneur en connut l'écriture, & voulut gloser sur cette intrigue, Mademoiselle de Guise, à qui les princes ses frères avoient appris la chose, l'en empêcha & dit qu'elle conservoit encore trop cherement la mémoire de vos enfances pour souffrir qu'on fît aucune médisance d'une femme que vous aimiez. « Voila une generosité digne d'une princesse de la maison de Guise, reprit Givry. Mais, Monsieur le Baron, les vers ont quelque chose de plus singulier: ne sçauriez-vous me dire ce qui obligea Mademoisele de Guise à les faire & s'ils ont été faits en particulier, ou en conversation generale?» « Je ne sçai pas trop bien ce detail, poursuivit Vins. Je n'ai point vû faire ces vers, & Mademoiselle de Guise me dit seulement, en me les montrant, qu'elle vouloit faire voir aux dames de la Cour que celles de la Ligue les surpassoient en delicatesse de cœur & en finesse d'esprit. Mais, nôtre cher nourisson, ajouta-t-il en le regardant fixement, allez vous-même demander à la jeune princesse ce qu'elle a pensé. Ne vous faites-vous point honte de ne pouvoir l'apprendre que par un tiers? Et croyez-vous que les princes de la Sainte-Union ne puissent vous offrir d'aussi beaux emplois que ceux où vous aspirez auprés du Roi de Navarre? Car c'est lui qui est l'ame de vôtre parti, & le nom du Roi n'est qu'une couleur dont vous vous servez pour autoriser la protection que vous donnez à l'heresie.[19]» « Je vous ai déja dit, repartit Givry en se levant, que nous sommes trop prevenus à l'avantage de nos partis pour être crûs de tout ce que nous en pouvons dire. Une paix, ou une victoire finale, nous réünira mieux que nos conversations, et, en attendant, si on vous permet d'écrire à Messieurs & à Mademoiselle de Guise, je vous conjure de les assurer que tout ce qu'un homme peut faire en leur faveur, sans se rendre indigne de leur estime, ils doivent se le promettre de Givry.»

Il sortit en achevant ce dernier mot, & passant au logis du Roi, il y rencontra le Marquis de Bellegarde. Ils allerent ensemble se promener dans le Mail [20] de Tours, où Givry redit à son ami l'entretien qu'il venoit d'avoir avec le Baron de Vins. « Je vous avois bien assuré, interrompit Monsieur le Grand, que ces vers étoient de Mademoiselle de Guise, & je croi que je ne suis pas moins juste dans le jugement que je fais de toute cette avanture. Vous cesserez d'aimer Madame de Maugiron; vous vous mettrez des chimeres en tête pour Mademoiselle de Guise, & je connois, à l'air dont vous me parlez, que cette prediction est déja fort avancée. Mais, mon cher ami, combatez plus d'une fois avant que de vous rendre. Mademoiselle de Guise est dans un parti qui n'est pas prêt d'être abbatu; vous ne la verrez peut-être de vôtre vie, & quand vous pourriez vous flater d'une paix ou d'une victoire qui vous mit en commodité de la voir, elle est d'une maison imperieuse, & il lui faut pour époux un souverain étranger, ou un prince du sang. N'en attendez aucune complaisance qui puisse trahir cet espoir, et songez que c'est une méchante destinée pour un homme accoûtumé aux tendresses de sa maîtresse, que de filer l'amour infructueux auprés d'une personne qui ne le repait que d'idée.»

Givry s'étoit dit à lui-même tout ce que Bellegarde lui representoit, mais par une fatalité qu'il ne pouvoit éviter, il révoit malgré lui incessamment à Mademoiselle de Guise, & ne songeoit plus qu'à peine à Madame de Maugiron. Il se resolut sans scrupule à ne point dire à cette derniere qu'il eût recouvert [21] sa cassette; il ne trouvoit plus dans sa conversation les charmes qu'il y avoit trouvez. Quand elle lui disoit des choses tendres, il se souvenoit de la maxime en vers, où Mademoiselle de Guise blâmoit les expressions trop fortes, & il lui sembloit qu'en effet sa maîtresse lui auroit donné plus de desirs si elle l'avoit moins persuadé de son bonheur. Il se faisoit un dégoût de ce que ce bonheur étoit sçu de tant de monde; une intrigue plus secrette lui donnoit de plus agreables idées, & quand il y joignoit l'imagination d'être souffert d'une belle & grande princesse, de se trouver en droit, par ce qui s'étoit passé, de l'entretenir de discours d'amour, & de lui faire peut-être oublier ce que l'austerité de son rang avoit de trop tirannique, il se laissoit flater à des illusions dont il ne pouvoit divertir son esprit.

Madame de Maugiron fut long-tems sans s'apercevoir du malheur qui la menaçoit. Givry ne voyoit qu'elle seule avec assiduité, & si quelquefois elle le trouvoit rêveur & distrait, elle n'en accusoit que l'amour qu'il avoit pour la gloire. Mais enfin la saison de remettre en campagne étant venuë, & Givry ne parlant à sa maîtresse en la quittant que de dégager la Loire, & de remettre sous l'obeïssance du Roi toutes les villes que la Ligue occupoit sur cette riviere:

« N'avez-vous que ces sortes de choses à me dire, Givry? interrompit-elle, & n'ai-je point d'autre interêt à vôtre départ que celui des conquêtes du Roi?» Il rougit de ce reproche, & ne pouvant encore avoüer qu'il le meritoit, il s'excusa sur le desir de se rendre plus digne d'elle. «Ce n'est point assez pour vos charmes, lui disoit-il, que vôtre amant soit bien amoureux, il faut encore que cet amour ne vous fasse point honte, & que la qualité de grand capitaine soûtienne celle d'amant.» [22] «Ah! Givry, s'écria Madame de Maugiron, cette ambition est noble, mais elle n'est pas ici dans son lieu: elle peut servir à soulager un amant des chagrins de l'absence, mais quand il aime bien, elle ne fait point les entretiens de son départ. Vous ne m'aimez plus, & soit que le dégoût, ou un trop grand desir d'acquérir de la gloire, se soit emparé de vôtre coeur, je m'apperçois que quelque chose m'en chasse.»

Givry n'étoit pas encore bien persuadé que Madame de Maugiron dît vrai. L'amour se déguise dans ses commencemens, & bien qu'on pût appeler de ce nom ce qu'il sentoit pour Mademoiselle de Guise, il n'en étoit pas tombé d'accord avec lui-même. Il fit ce qu'il put pour persuader à Madame de Maugiron que ses soupçons étoient mal fondez, & comme il avoit un grand pouvoir sur son esprit, il la laissa un peu tranquille.

En sortant de chez elle, il fut chez le Baron de Vins que, par les conseils de Bellegarde, il avoit vû plus rarement qu'il ne l'auroit souhaité. Cet homme passionné pour la Maison de Guise le pressoit incessament de se réünir avec elle. Le Grand Ecuyer, auquel il n'avoit jamais rien celé, & qui remarquoit le progrez que Mademoiselle de Guise faisoit sur le coeur de Givry, craignoit que Vins n'ébranlât sa fidelité, & n'osant lui découvrir un doute si offensant, il lui disoit que ses frequentes entrevûës avec le prisonnier donnoient avantage à ses envieux, qu'il devoit s'en abstenir, & Givry avoit suivi ce conseil. Mais se voyant prêt à partir, & ne sçachant si un échange, ou quelque funeste coup ne l'empêcheroit point de revoir cet homme, il voulut lui dire adieu.

«Je vais, dit-il en soûriant, ajoûter de nouveaux crimes à ceux que vous m'avez reprochez, & si je meurs aux premieres rencontres, il ne s'en fera gueres dans la campagne où je n'aie quelque petite part. Mais j'espere que ce devoir sera compatible avec quelques autres, & que si je suis forcé à soutenir dans les occasions generales le caractere d'un ennemi de la Ligue, je pourrai dans les particulieres prendre celui d'un fidelle serviteur de la maison de Guise. Je ne sçai si le destin vous permettra de l'en assurer, mais si cela arrive, je vous en conjure, & de dire singulierement à Mademoiselle de Guise que le devoir qui me retient auprés du Roi n'est pas une legere chaîne pour mon cœur; que dans tout ce que je fais, je suis beaucoup plus à plaindre qu'à blamer, & que si elle pouvoit lire dans mon ame, elle y verroit plus de respect, & plus de zèle pour elle, que les troupes de la Ligue ne verront dans mes actions d'apparences contraires.» Bien que le Baron de Vins eût fait tous ses efforts pour seduire Givry, & que dans les premiers transports de son affection pour la Ligue, il lui eût voulu du mal de ce qu'il le trouvoit si ferme, il ne pouvoit s'empêcher de l'en estimer davantage. Il l'embrassa tendrement, & lui promit tous les offices d'amitié dont il seroit capable. Givry partit aprés l'en avoir remercié, & fut prendre possession de la charge de mestre de camp de la cavalerie legere de France, que le Roi lui avoit donnée.

Les progrez de l'armée du Roi furent grands cette campagne. Le Roi de Navarre, en qui Sa Majesté commençoit à prendre la confiance qu'elle lui devoit, lui avoit inspiré le desir de combattre à la tête de ses troupes, & les deux Rois les ayant jointes en Sologne, où elles avoient leur rendez-vous general, les conduisirent le long de la Loire, où elles ne trouverent pas une ville rebelle qu'elles ne soûmissent. Le Roi prit Gergeau, Gien, la Charité, & se rendit le maître de tous les ponts, au dessus & au dessous d'Orleans. Piviers, Estampes & Dourdan, eurent la même destinée. Et les Rois ayant passé la Seine au pont de Poissi, y furent joints par le Duc de Montpensier, qui leur amenoit des troupes de Normandie, & par le sieur de Harlay-Sanci, qui avoit fait de belles levées en Suisse. Ces jonctions ayant mis l'armée du Roi dans l'état où il la souhaitoit pour assieger Paris, on y mit le siege au mois de Juillet de l'année 1589.[23]

Givry avoit donné plusieurs marques de son courage & de sa bonne conduite aux sieges precedens. Il ne s'y étoit pas fait une sortie qu'il n'eût vaillamment repoussée. Il tailloit en pieces les secours, il remportoit l'avantage de toutes les escarmouches, & la sureté de l'armée reposoit toute sur ses soins. Le Roi de Navarre, que tant de belles actions avoient charmé, & qui trouvoit la personne de Givry aussi aimable que sa gloire étoit éclatante, l'honoroit d'une bien-veillance particuliere, & en attendant quelque gouvernement plus considerable, lui avoit fait donner celui de Brie.

Il en étoit à peine en possession, qu'il surprit six mille muids de bled qu'on s'efforçoit de faire entrer à Paris à la faveur d'un faux passe-port.[24] Givry les fit arrêter au pont de Samois & se preparoit à les faire mener à Corbeil où étoit le magazin de l'armée du Roi. Mais ayant jetté les yeux sur l'homme qui conduisoit ce convoi, il crut le reconnoître pour un officier du feu Duc de Guise.

Il ne se trompoit pas; c'étoit un des principaux de sa maison & cet homme reconnoissoit Givry comme il en étoit reconnu: «Est-ce possible, lui dit-il, que ce soit vous qui empêchiez ce bled de rentrer à Paris, & que ce soit par un homme si cher au feu duc mon maître que la princesse sa femme & la princesse sa fille soient mises en danger d'avoir de la necessité?» «Comment, de la necessité? Interrompit Givry tout ému. Hé! ces dames sont-elles exposées à partager les miseres du peuple?» «Oui, sans doute, poursuivit le conducteur du convoi, & Monsieur le Duc du Maine pour montrer aux assiegez qu'ils n'ont point de necessité qui ne lui soit commune avec eux, s'est réservé si peu de bled que toute sa maison, & particulierement celle de Madame de Guise, étoit sur le point d'en manquer quand je suis parti.» «Elle n'en manquera pas, reprit Givry, & vous pouvez assurer Madame & Mademoiselle de Guise, que ce ne sera jamais par moi qu'elles recevront quelque déplaisir personnel.»

Alors, ne consultant que sa naissante passion, il fit expedier à cet homme un veritable passe-port, & lui donna escorte pour arriver sans peril jusques aux premiers retranchemens.[25]

Cette action avoit eu trop de témoins pour demeurer secrete. Elle fut rapportée au Roi, & comme le merite va rarement sans envieux, on y donna les plus mauvaises couleurs qu'elle pouvoit recevoir. En effet, elle étoit fort importante: de la reduction ou de la resistance de Paris, dépendoit absolument la paix ou la guerre. Cette ville étoit le siège & l'apui de la revolte: c'étoit la saper par ses fondemens que d'ôter Paris aux ligueurs, & on ne pouvoit sans un crime punissable y faire entrer le moindre rafraichissement. On aprit même par quelques prisonniers qui furent faits à une sortie, que si ce convoi eût tardé d'un jour, les Parisiens étoient resolus d'ouvrir leurs portes; que le Duc du Maine ne pouvoit plus les en empêcher, & que ce n'avoit été qu'à la vuë de ce bled, & sur des promesses d'en voir souvent arriver par la même voie, que le peuple s'étoit un peu calmé. Cette circonstance, agravant la faute de Givry, mettoit le Roi dans une telle colere contre lui que le credit de ses amis étoient impuissant, & que le Roi de Navarre fut obligé de le mander pour venir se justifier en personne.

Il avoit un excuse admirable pour un Prince du temperamment de celui-là; tous les crimes d'amour portoient dans son esprit leur pardon avec eux. Mais outre que le Roi n'étoit pas de ce sentiment, Givry ne pouvoit se resoudre à declarer sa folie, & se défendoit par de si méchantes raisons, que ses protecteurs mêmes étoient sur le point de le condamner. Le Roi de Navarre l'en avertit, & aprés lui avoir annoncé de la part du Roi qu'il falloit ou se justifier mieux, ou demeurer convaincu d'intelligence avec les ennemis, il lui fit si bien comprendre qu'il n'y avoit point de milieu entre ces extrêmitez, que Givry fut contraint de parler & d'avouër au Roi de Navarre le motif secret de sa faute.

Ce prince l'aprit avec un plaisir extrême: il craignoit de trouver Givry plus criminel, & courant avertir le Roi de la verité, il lui persuada qu'elle étoit pardonnable dans un jeune homme, & que pourveu qu'il fût à l'avenir plus circonspect, cette premiere faute ne devoit lui attirer qu'une reprimande.[26] Le Roi la lui fit tres-severe, & ce fut la derniere qui sortit de la bouche de ce pauvre prince: il fut traitreusement assassiné le lendemain. Et dans cette funeste occasion, Givry se montra veritablement reconnoissant des marques d'estime qu'il avoit reçuës du Roi de Navarre. Il fut le premier qui le salua Roi de France, il persuada le Marquis de Bellegarde & plusieurs autres d'en faire de même, & montra tant de fermeté à ceux qui ne vouloient pas les imiter qu'on peut dire que le nouveau Roi lui dut l'établissement & la tranquillité de ces commencemens de son regne.[27]

Ce n'étoit pas que de droit la Couronne ne lui appartînt, mais selon les loix, sa religion l'en rendoit incapable, & tant de gens étant armez pour la lui ôter qu'ils y fussent sans doute parvenus si le moindre desordre domestique avoit secondé les oppositions étrangeres.[28] Givry seul calma les seditieux, & encouragea les timides, et le nouveau Roi ne l'ignorant pas, lui en fit des remerciemens si tendres, qu'ils le firent regarder de toute la Cour comme un favori declaré.

Les premiers troubles que causerent ce changement étans un peu appaisez, le Roi prit son logement à Meudon, où il reçut plusieurs deputez de son Parlement & de son Université de Paris, qui le conjuroient de rendre ses droits & sa religion compatibles.[29] Il fut arrêté qu'on auroit sur cela des conferences, & que pour les faire avec liberté, il y auroit cession d'armes pendant quinze jours.

Givry apprit cette nouvelle de la bouche même du Roi, qui la lui dit en sortant du conseil, & qui ajoûta en soûriant que pendant cette tréve il pourroit aller recevoir des remercimens du secours qu'il avoit donné à Mademoiselle de Guise. Il ne falloit pas une plus grande permission à un jeune homme curieux, & dont la curiosité auroit pû se nommer un violent amour. Il partit de Meudon à l'instant même avec son ami Bellegarde qui ne voulut pas le laisser aller seul &, se mêlant parmi l'escorte qu'on donnoit aux deputez, ils furent, sur la foi de la tréve, reçus comme eux dans la ville. Ils allerent d'abord à l'hôtel de Guise pour découvrir où la jeune princesse prenoit ordinairement sa promenade, afin de la voir sans en être remarquez, et ils aprirent qu'elle étoit au palais des Thuilleries avec toutes les princesses de sa maison, pour y sçavoir le succez du voyage des deputez ausquels on donnoit audiance dans ce lieu.

Les deux avanturiers s'y rendirent, & furent si heureux qu'ils apprirent des premieres gens de livrées ausquels ils le demanderent, que Mademoiselle de Guise, qui apparemment étoit trop jeune pour entrer dans les deliberations d'Estat, se promenoit seule dans le jardin. Ils y entrerent, & n'y avoient pas fait trente pas qu'ils l'aperçurent qui venoit à leur rencontre. Ils se retirerent à quartier pour la considerer avec plus de liberté, & Givry la trouva plus charmante mille fois que le Baron de Vins ne la lui avoit dépeinte. Le Marquis de Bellegarde ne l'avoit jamais vuë, il avoit joint son oncle à l'expedition du marquisat de Saluces, il l'avoit suivi jusques à sa mort, & n'étoit venu à la Cour que depuis la mort du feu Duc de Guise, qui en avoit éloigné toute sa maison. Il fut surpris de l'agréement & de la majesté de cette princesse, & avoüa que Madame de Maugiron ne meritoit pas de tenir un moment contre elle.

Givry ne se confirmoit que trop bien dans cette opinion. La vuë de Mademoiselle de Guise achevoit ce que ses vers & les portaits que Vins faisoit d'elle avoient commencé. Une émotion extraordinaire s'étoit emparée du cœur de Givry; il regardoit cette princesse avec une attention qui ne lui permettoit pas d'écouter Monsieur le Grand, & s'étans avancez l'un & l'autre pour la voir de plus prés, ils en furent remarquez, & lui donnerent de la curiosité pour sçavoir qui étoient deux hommes si bien faits, & d'une si haute apparence. Elle envoya un gentilhomme leur demander s'ils cherchoient à prendre parti, & s'ils avoient besoin de quelqu'un pour les presenter au Duc du Maine son oncle qui étoit generalissime.

« Nous n'avons plus de parti à prendre dans la guerre, Mademoiselle, lui dit Givry en l'abordant, mais nous serions bienheureux si on nous offroit ainsi protection pour en prendre un dans l'amour. Tout ce qu'on voit à Paris sollicite à cet engagement; les dames y sont admirables, & la conjoncture du siege fournit souvent des occasions de leur rendre service. Mais cet honneur doit être si brigué qu'en mon particulier je crains de parler trop tard, & de ne trouver plus de places vaquantes. »

Mademoiselle de Guise avoit parfaitement conservé l'idée de Givry, & le reconnut dés le premier mot qu'il prononça. Mais elle voulut se divertir de cette rencontre, & traitant Givry comme un avanturier inconnu: « Les gens de vôtre âge, lui dit-elle, sont rarement exposés à demeurer sans emploi; ils s'engagent & se dégagent si facilement que l'amour trouve toûjours de quoi les ocuper, & en tout cas l'emploi de volontaire ne leur peut fuir, & n'est pas une des plus mauvaises places qu'on puisse remplir dans la milice de l'amour. » « L'emploi de volontaire n'a pas assez de fonctions pour une ame comme la mienne, Mademoiselle, reprit Givry, j'ai plus d'experience que mon âge n'en promet, & l'amour me feroit injustice s'il ne me mettoit au rang des amans consommez. » « L'experience que vous pouvez avoir acquise ailleurs, poursuivit Mademoiselle de Guise en soûriant, ne seroit peut-être pas mise en compte par les dames de la Ligue. Elles craindroient que les misteres de l'amour fussent alterez parmi vous, comme ceux de la religion, & qu'étans accoutumez à soutenir le parti de l'heresie, vous n'eussiez pas une foi aussi pure qu'elles la demandent dans leurs amans. »

Le Grand Ecuyer n'avoit encore rien dit; il avoit cedé à son ami l'honneur de parler le premier; mais quand il entendit taxer d'heresie les amans du parti du Roi, il se crût obligé à les deffendre. « Nous ferions volontiers preuves de nôtre foi contre les amans de la Ligue, Mademoiselle, dit-il, & cette espece de combat nous seroit plusavantageux que les combats militaires, car il seroit plus aisé d'aimer parfaitement les dames de la Ligue, que de vaincre les princes liguers. »

Madame de Guise survint comme le Marquis de Bellegarde achevoit ce mot, & avec elle Madame de Nemours sa belle-mère, Madame la Duchesse du Maine, la Marquise de Villars, sa fille d'un premier lit, Madame d'Aumale, qui autrefois étoit Mademoiselle d'Elbeuf, & plusieurs autres dames, qui sortans de l'audience des deputez, venoient prendre l'air dans le jardin.[30]

Elles reconnurent toutes Givry, & Madame de Guise entr'autres, qui avoit encore presente à la mémoire l'histoire du convoi & le compliment qu'il lui avoit fait faire, courut à lui les bras ouverts, & lui fit les mêmes caresses que s'il avoit encore été le compagnon d'exercices de ses enfans. Elle fit signe à Mademoiselle sa fille de le traiter de la même maniere, & la jeune princesse ne se faisant pas commander deux fois: «Ne croyez pas, lui dit-elle en le salüant, que j'aie attendu l'arrivée de Madame ma mère pour vous reconnoître. Vous n'estes pas si fort éffacé de mon souvenir: mais, ajoûta-t-elle en se penchant contre son oreille, vous avez une amante si delicate, que j'ai crû devoir user avec vous de beaucoup de precaution.»

Givry ne put répondre à ces obligeantes paroles, il en fut empêché par les questions & par les caresses des autres dames. L'une lui demandoit s'il venoit de rendre à ses anciens amis, l'autre lui faisoit des reproches de ce qu'il les avoit abandonnez. Il ne leur répondoit que par de profondes reverences, ou par des termes ambigus, & leur faisant connoître son ami pour le Marquis de Bellegarde, Grand Ecuyer de France, l'un & l'autre leur aprirent comme leur visite étoit un fruit de la tréve, & ajoûterent qu'il ne tiendroit pas à eux qu'une bonne paix leur permit de les faire plus longues & plus frequentes.

Ces divers discours les entretinrent jusqu'au coucher du soleil. Givry auroit bien souhaité de les pousser plus loin, & de coucher cette nuit à Paris, mais bien que Bellegard fut charmé de la vuë & de la conversation de Mademoiselle de Guise, il ne crut pas devoir hazarder ce sejour sans une permission particuliere de Sa Majesté. Il tira comme par force son ami de ce jardin, où il demeura plus d'une heure aprés que les dames en furent sorties, & reprenant ensemble le chemin du quartier du Roi, ils ne parlerent d'autre chose tant qu'il dura, que de la beauté & des charmes de Mademoiselle de Guise.

Jusques à ce jour, Givry avoit gardé quelques mesures d'honnêteté avec Madame de Maugiron. Il sentoit bien qu'il ne l'aimoit plus comme il l'avoit aimée; il faisoit encore quelque scrupule de trahir l'espoir d'une amante dont il n'avoit aucun sujet de se plaindre. Elle étoit demeurée à Chinon auprés de la Reine Loüise, d'où elle lui écrivoit par tous les couriers, & il répondoit ponctuellement à ses lettres. Il lui avoit obtenu la protection du nouveau Roi, & il conservoit pour elle une de ces passions d'habitude, qui sans avoir l'ardeur d'un commencement d'amour, ne laissent pas de disputer le terrain à la pleine tranquillité. Mais la vuë de Mademoiselle de Guise détruisit entierement ces restes d'égards. Il trouva chez lui une lettre de Madame de Maugiron qu'il s'oublia de lire, deux ou trois autres eurent la même destinée. Mademoiselle de Guise ocupoit seule son cœur & son imagination. «Qu'elle a de charmes, disoit-il au Marquis de Bellegarde, & que c'est un parfait assemblage de majesté, d'agréement, de douceur & de vivacité. Avez-vous jamais vû une phisionomie si spirituelle & si ouverte que celle-là? Ses yeux ont un éclat qu'à peine on peut soûtenir, sa bouche semble toûjours soûrire, le tour de sa conversation est delicat & aisé.» «Tout cela n'est que trop parfait pour vôtre repos, interrompit le Marquis de Bellegarde, & il seroit à souhaiter pour vos amis que le Baron de Vins eût été un peintre moins fidelle.»

Givry ne sortit point de chez lui le soir qu'il revint de Paris; il avoit l'esprit & le cœur trop agitez pour se communiquer aux gens indifferens, & il lui fallut une nuit de reflexions pour se trouver en état de se presenter à la Cour. Le Roi ne le vit pas si-tôt qu'il le tira à part, & usant de cette familiarité qui lui gagnait tant de cœurs: «Hé bien Givry, lui dit-il, avez-vous vû Mademoiselle de Guise? & la trouvez-vous digne de ce qu'elle vous a fait faire contre les interêts de vôtre parti?» «Mademoiselle de Guise est si parfaite, Sire, repartit Givry, que Vôtre Majesté me permettra s'il lui plaît, de ne la lui point dépeindre. Je sçai que vôtre cœur est susceptible d'amoureuses impressions & le mien est si enflamé que je mourrois assurément si quelque accident imprevû venoit traverser mes desirs.»[31] «Ne craignez point cet accident de ma part, poursuivit le Roi, vous en êtes pre-servé de plus d'une maniere. Je vous aime, je comprens ce que l'amour peut faire dans un homme de vôtre temperament, & je suis moi-même si preocupé d'un autre objet, que je n'ai plus d'yeux pour toutes les beautez de la terre.»

Alors pour lui donner une nouvelle marque de sa bien-veillance, il lui confia le secret de sa passion pour Gabrielle d'Estrée, qui fut depuis Duchesse de Beaufort. Cet amour étoit encore dans l'ardeur de ses commencemens, & le Roi lui parla de sa maîtresse en des termes si pleins de transport que Givry fut entiere-ment rassuré, & fit à Sa Majesté une relation fidelle de tout ce qui s'étoit passé dans son voyage. Il y ajoûta une tres humble suplication, de souffrir qu'il profitât à son gré des commoditez de la tréve. Le Roi le laissa maître absolu de ses actions, & ce même jour étant retourné à Paris, Madame de Guise lui témoigna quelque curiosité pour voir le camp du Roi. Ils lierent cette partie pour le lendemain. Mademoiselle de Guise accompagna la Princesse sa mère, & Givry étant venu les recevoir au pied des retranchemens, les conduisit sous quelques tentes qu'il avoit fait dresser, & qui étoient ornées de fleurs & de verdure. Des valets habillez en esclaves y servirent une magnifique collation, & quand elle fut finie, Givry conduisant les dames jusques à une petite plaine, où par la permission du Roi il avoit fait mettre quelques troupes en bataille, leur fit faire toutes sortes d'exercices militaires. Les princesses y prirent beaucoup de plaisir, & quand elles voulurent retourner à Paris, elles furent accompagnées d'une troupe de trompettes allemans, qui concertant diverses fanfares, les menerent comme en triomphe jusqu'au pied des murailles de la ville.

Le Marquis de Bellegarde qui avoit été de ce regal, & qui, sur le pretexte de seconder les intentions de son ami, n'étoit point fâché de faire sa cour à Mademoiselle de Guise, fit voir aux dames de la Ligue la fausse attaque d'un fort.

Le Roi consentoit volontiers à ces parties, esperant qu'elles adouciroient les esprits, & convertiroient la tréve en une solide paix; mais cette esperance fut deçuë: le Duc du Maine n'avoit proposé la tréve que pour faire avancer le Duc de Parme, qui lui avoit promis du secours. Quand il le sçut en marche. il rompit brusquement les conferences, & la guerre devint plus opiniâtre que jamais.

Le Roi fut fort irrité de cette supercherie, & Givry ne pouvoit s'en consoler. Il avoit eu divers entretiens avec Mademoiselle de Guise, dont il étoit demeuré fort satisfait. Il ne lui avoit point declaré sa passion: il falloit plus de temps et plus de services pour le porter à cette temerité, mais il avoit crû remarquer dans l'esprit de la jeune princesse un fond de liberté qui lui faisoit juger qu'un grand merite soûtenu de beaucoup d'amour auroit plus de charmes pour elle que beaucoup de naissance dénuée de grandes qualitez. Ils avoient souvent parlé de Madame de Maugiron. Givry avoit assuré la jeune princesse que les vers qu'elle lui avoit envoyez avoient dissipé l'aveuglement de son cœur, & que depuis ce jour il n'avoit plus regardé cette femme qu'avec indifference. Mademoiselle de Guise prenoit plaisir à se faire repeter cette protestation, & le jour avant la rupture des conferences, elle avoit poussé cette conversation jusques à dire à Givry qu'il meritoit une destinée meilleure que celle de faire le chevalier errant d'une provinciale. Peut-être que s'il l'eût fait expliquer, il auroit trouvé qu'elle ne parloit qu'en termes generaux, mais il se flatoit d'un doute, & ne pouvoit suporter que la tromperie du Duc du Maine l'empêchât de s'éclaircir.

Il espera de le faire dans une derniere conversation, courut à Paris pour se la menager, mais il trouva qu'on avoit déja publié les défenses de toute communication. Il revint tres affligé au quartier du Roi, & en partit quelques jours aprés avec Sa Majesté pour aller au devant du Duc de Parme. Cette marche dégageoit Paris, & donnoit autant de douleur que de colere aux royalistes, pour se voir ainsi contraints à lever le siege; mais il falloit bien le faire, & il étoit important de combattre l'ennemi avant qu'il eût le loisir de prendre ses avantages. Le Roi s'avança pour cela jusques à Cheles, où les armées furent six hours en presence, sans que celle de Sa Majesté pût forcer l'autre à combatre.[32] On avoit fait croire au Duc de Parme que les troupes du Roi étoient en petit nombre, & en méchant ordre. Quand elles furent en bataille, & que d'une éminence voisine le duc put les considerer, il ne se trouva point en état de hazarder une bataille, & s'écartant à la faveur d'un broüillars épais qui s'éleva un de ces jours-là, il se contenta de surprendre Lagny,[33] qui n'étoit qu'à une lieue de son camp. Le Roi fit ce qu'il put pour secourir cette ville, mais le dessein de sa prise fut si bien déguisé que Sa Majesté ne s'en appercut que quand on ne pouvoit plus y apporter de remede.

Cet exploit du Duc de Parme, ayant assuré aux Parisiens la liberté de la riviere de Marne, dégagea entierement leur ville, mais ce soulagement leur vint si tard qu'ils ne le sentirent que mediocrement; la disette avoit si fort desseiché les corps qu'ils n'estoient plus capable de soutenir l'abondance des vivres; ils mouroient du changement de nourriture, comme ils seroient morts d'en manquer, & l'armée du Roi n'estoit gueres moins necessiteuse.

La prise de Lagny lui ôtoit la liberté de la riviere de Marne; les garnisons de la Ligue qui ocupoient une partie des villes du cœur de la France lui enlevoient ses convois, & pendant le siege de Paris on avoit si fort désolé le plat pays qu'on n'y trouvoit plus ni bled, ni fourage.

Le Roi fut donc contraint d'envoyer la plus grande partie de ses soldats se rafraichir chez-eux, et le Duc de Parme qui, aprés avoir eu la gloire de dégager Paris, vouloit encore assurer sa liberté, mit le siege devant Corbeil.[34] Cette ville le soûtint un mois entier, & contraignit les assiegans d'en venir à un assaut general; ils l'emporterent par cette voie, mais ils ne la garderent gueres.

Le brave Givry qui conservoit un vif ressentiment contre le Duc de Parme de ce que par son arrivée il avoit fait rompre les conferences, & éloigné l'espoir de la paix, ne put souffrir qu'il joüît de cette conquête. Il assembla les garnisons de son gouvernement de Brie, & poussé par un courage qui sembloit surnaturel, reprit dans une nuit, par escalade, une ville devant laquelle un des plus grands capitaines de son tems avoit fait un mois de siege.

Le Duc de Parme avoit si peu preveu cette action qu'une partie de son bagage étoit encore dans Corbeil quand elle fut reprise, & particulierement plusieurs essences rares, dont les une étoient necessaires à sa santé, & les autres exquises pour leur odeur. Givry les envoya toutes à Mademoiselle de Guise pour en disposer comme il lui plairoit, & lui manda par un gentilhomme, qui avec passe-port conduisoit cette voiture, qu'il s'étoit tenu si heureux de pouvoir une fois en sa vie donner passage au bled qu'on lui menoit qu'il vouloit encore se menager cet avantage; que les convois où elle prendroit interêt ne seroient pas arrêtez plus long-tems à Corbeil qu'au pont de Samois; mais qu'il étoit trop jaloux des occasions de lui rendre service, pour souffrir que cette liberté dépendît du Duc de Parme.

Ce compliment étoit honnête, & la maniere dont Mademoiselle de Guise avoit vécu avec Givry pendant la tréve auroit pû l'autoriser à faire des galanteries plus fortes. Cependant elle dit à l'envoyé de Givry qu'elle ne recevoit ni messages, ni presens de la part de son maître, qu'il lui reportât ses essences, & qu'il lui dit que les familiaritez dont elle l'avoit favorisé ne pouvoient empêcher qu'elle fût Mademoiselle de Guise, & qu'il demeurât toûjours Givry.[35]

On peut juger combien il fut surpris de cette réponse. Il fit repeter au gentilhomme ce qu'il avoit dit, & n'y trouvant rien qui dût attirer des paroles si méprisantes, il auroit hazardé toutes choses pour en sçavoir l'explication, mais le Roi ne lui en laissa pas le loisir, & lui manda de le venir joindre pour donner la chasse au Duc de Parme qui s'en retournoit en Flandres. Sa Majesté le harcela pendant sa marche, & l'ayant poursuivi jusques à l'Arbre de Guise, vint ensuite se rafaîchir à Saint-Quentin. Il y reçut la nouvelle de la prise de Corbie sur la Ligue, par le Marquis d'Humieres, & il en eut beaucoup de joïe. Il la fit éclater par des réjoüissances publiques, & voulut que les dames de Saint-Quentin & des environs y prissent part. Il leur donna plusieurs divertissemens, & pretendoit que Givry qui n'étoit pas moins galant que brave, y brillat à son ordinaire, mais il étoit si chagrin du traitement qu'il avoit reçu de Mademoiselle de Guise que les occasions de joïe lui devenoient un suplice. Il pria le Roi de lui permettre de retourner dans son gouvernement, où il tenta divers efforts pour appaiser la colere de Mademoiselle de Guise, & pour en découvrir la cause. Il faisoit des courses jusques aux portes de Paris, il prenoit des prisonniers, & les renvoyant à la jeune princesse, il lui mandoit par eux qu'il ne se soûmettroit aux défenses qu'il avoit reçuës que quand elle lui auroit fait sçavoir par quel crime il les avoit attirez. Mais quelques marques de respect & de zele qu'il pût lui donner, elle demeuroit dans un silence dédaigneux, ou si elle se resolvoit à le rompre, c'étoit pour lui mander des choses plus dures encore que celles que son gentilhomme lui avoit rapportées. Il passa l'hyver entier dans ce douloureux état, & pour augmentation de chagrin, il recevoit tous les jours des reproches de Madame de Maugiron.

Elle l'appelloit parjure, leger, ingrat, & le menaçoit de mille extravagances, qu'honnêtement il se croyoit obligé d'empêcher. Il avoit été quelque tems sans répondre à ses lettres, & croyoit par cette negligence la rebuter de lui écrire. Voyant qu'au contraire cela ne servoit qu'à la rendre plus prolixe & plus impetueuse, il lui avoit mandé sincerement qu'il n'avoit plus d'amour pour elle, qu'il en étoit fâché, & qu'il auroit voulu pouvoir l'aimer toute sa vie; mais qu'on n'étoit point le maître des mouvemens de son cœur, & qu'il la prioit d'oublier un ingrat qui n'étoit plus digne d'occuper son souvenir. Ces terribles lettres, loin de réveiller sa fierte & de procurer sa guerison, n'attiroient que des protestations d'une confiance à toutes épreuves.

«Il ne faut avoir qu'un amour ordinaire, lui mandoit-elle un jour, pour aimer un amant qui vous aime. Ma tendresse étant beaucoup plus parfaite, est capable aussi de plus grands efforts, & je vous aimerai ingrat & méprisant, comme je vous aimois quand je vous croyois ardent & fidelle.»

Givry étoit honnête, & se reprochoit comme un crime l'ingratitude où il se trouvoit forcé; il eût acheté de tout son bien une legitime indifference dans Madame de Maugiron, &, de ce desir passant aux rigueurs qu'il éprouvoit de Mademoiselle de Guise, elles lui en devenoient plus sensibles & il se croyoit plus en droit de se plaindre du caprice de son destin.

Cependant la saison de remettre en campagne étant venuë, & les esperances de la paix paroissant chaque jour plus éloignées, le Roi fit dessein de mettre le siege devant Rouen, dont la situation & l'importance donnoient un grand acheminement à la reduction de Paris. L'histoire fait mention de ce siege, comme de l'un des plus chauds qui ait été fait pendant toutes ces guerres. La Reine Elisabeth d'Angleterre avoit envoyé au Roi une puissante flotte qui bloquoit cette ville du côté de l'eau. Les troupes de Sa Majesté qu'il commandoit en personne l'entouroient du côté de la terre, & le Marquis de Villars, gendre de Madame la Duchesse du Maine la défendoit. Il occupoit le fort Sainte Catherine, où il y avoit des bateries qui faisoient feu continuellement. Les assiegez faisoient des sorties furieuses, & presque tous les jours il se faisoit des escarmouches, qu'on pouvoit appeller de sanglans combats. Givry fut dangereusement blessé à l'épaule dans une de ces rencontres, & la tristesse dont il étoit possedé augmentant le peril où le mettoit sa blessure, les chirurgiens le jugerent à l'extremité de sa vie. Le Roi aimoit tendrement ce jeune homme, & doutoit qu'il y eût personne de son armée capable de remplir la place qu'il occupoit. Il declara si hautement ce doute qu'il fit plusieurs mécontens; il en méprisa même les murmures; & sur ce qu'il lui fut rapporté quelques paroles de Givry qui marquoient qu'il haïssoit la vie, & qu'il étoit bien aise de se voir en danger de la perdre, Sa Majesté fut à un village où on l'avoit transporté, & le conjura instamment de lui dire ce qui le jettoit dans ce desespoir.

Givry étoit trop charmé de la bonté de son maître pour lui cacher un secret qu'il témoignoit être si curieux de sçavoir. Il lui raconta ce qui étoit arrivé à Corbeil, & ce recit lui ayant causé des émotions qui lui firent croire qu'il étoit prêt d'expirer: «Je sens bien, ajoûta-t-il, que je mourrai sans avoir pû découvrir la cause de ma disgrace. Ma temerité en est une suffisante, mais comme je ne l'ai declarée que par des regards que Mademoiselle de Guise doit feindre de n'avoir point entendus, je ne puis croire que ce soit elle qui m'ait précipité dans le malheur où je me trouve. Je demande à Vôtre Majesté, Sire, par cette bonté dont j'ai reçu tant de preuves, & qui vous fait encore prendre une part si tendre dans les extravagances d'un mal-heureux amant, de vouloir faire prier Mademoiselle de Guise aprés ma mort d'avoir moins d'horreur pour ma mémoire qu'elle n'en témoigne pour ma personne, & d'être persuadée que je n'aurois pas attendu si tard à lui faire cette priere, si j'avois pû me reprocher le moindre desir dont elle puisse être justement offensée.»

Le Roi fut si touché du discours de Givry, qu'il ne put s'empêcher de laisser couler quelques larmes. Il le pria de faire tout ce qu'il lui seroit possible pour aider à l'intention des chirurgiens, & lui communiquant un dessein qu'il crut propre à lui donner quelque soulagement, il ne l'eut pas si-tôt quitté qu'il alla le faire executer.

Le Chevalier d'Oise, frère du Marquis de Villars, avoit été fait prisonnier à une sortie, & par l'alliance qu'il avoit avec l'oncle de Mademoiselle de Guise, il vivoit tres familierement avec elle. Le Roi lui donna la liberté, à condition qu'il sçauroit de cette princesse en quoi Givry lui avoit déplu, & qu'il l'en informeroit.[36]

Le prisonnier s'aquitta fidellement de cette commission, & courant à Paris en diligence, il fit sçavoir au Roi avec la même promptitude que Mademoiselle de Guise se plaignoit d'une lettre que Givry lui avoit écrite, où il lui tenoit des propos d'amour; qu'elle avoit été fort offensée de cette liberté, & qu'elle l'auroit punie par un mépris immortel; mais que la generosité dont le Roi usoit envers le Chevalier d'Oise la touchoit de reconnoissance, & qu'elle promettoit à Sa Majesté d'oublier la faute de Givry.

Cette promesse soulageoit un peu le blessé, mais elle le jettoit dans un nouvel embarras. Il n'avoit point écrit à Mademoiselle de Guise, & ne comprenoit pas qui avoit pû lui supposer [37] cette lettre. Il ne sçavoit s'il devoit s'affliger, ou se réjoüir, de ce qu'on avoit ainsi declaré son secret, & comme, toutes choses bien considerées, il est toûjours plus avantageux qu'un amant soit connu pour ce qu'il est que de voir ses feux ignorez, il reprit un peu de courage, & cette disposition d'esprit jointe à la bonté de son temperamment, commencerent à dissiper les frayeurs qu'on avoit pour sa vie.

Elle devenoit tous les jours plus necessaire au progrez des armes du Roi. Sa blessure les avoit visiblement arrêtez; les officiers de cavalerie qui avoient une confiance entiere à la bravoure de Givry, & dont par ses honnêtetez il avoit gagné les cœurs, faisoient sous sa conduite ce qu'ils ne faisoient pas sous celle d'un autre. Ils avoient eu du désavantage partout; le Roi n'osoit sous un autre chef leur faire faire d'entreprise vigoureuse, et le Duc de Parme étant une seconde fois venu au secours de la Ligue, força Sa Majeté à lever le siege de devant Rouen, comme il l'avoit forcée à lever celui de devant Paris.

FIN DE LA TROISIÈME PARTIE
DES DÉSORDRES DE L'AMOUR.

NOTES

EXEMPLE III

[1] Except for the fact that Givry's father, the "Marquis d'Anglure" was not a marquis, this is historically accurate. The hero himself, Anne d'Anglure, baron de Givry, was indeed a military hero during the sixteenth century who is best known perhaps for his role during the siege of Paris in 1590.

[2] It is remembered from the first nouvelle that the Catholic League, headed by Guise, was formed because the Catholics feared that Henri III would strike a deal with the "heretic" Henri de Navarre.

[3] The duc de Guise was assassinated in his royal palace (Blois) in December, 1588.

[4] Of all the characters (that play relatively major roles in the nouvelles) in *Les Désordres de l'Amour*, Mme de Maugiron alone appears to be an invented personage.

[5] Mme de Maugiron's husband, the "Comte de Maugiron," though not a "comte," did in fact exist and was Henri IV's lieutenant in Dauphiné and Bourgogne. What Mme de Villedieu recounts here is *vraisemblable* for she describes Mme de Maugiron as his second wife; for it is known from the historical sources that his (first?) wife had died.

[6] François de la Noue (15??–1591) is best known for his military actions under Charles IX.

[7] Details taken directly from the historical sources.

[8] trompette: messenger. The duc de Mayenne (Maine), after the death of his older brother, the duc de Guise in 1588, became the head of the League.

[9] Sainte Union: here, the Catholic alliances.

[10] Unlike in the two previous nouvelles where the maxims punctuate the stories at regular intervals, here, they appear together as a group (see introduction).

[11] The events recounted in this nouvelle obviously post-date those of the first two stories since it concerns the progeny of the duc de Guise (of the first) and of the baron de Bellegarde (of the second). The Bellegarde referred to in this story, though not a marquis, is Roger de Saint-Lary (1563–1646) who was, as Mme de Villedieu recounts, "Grand Ecuyer" under Henri III.

[12] Louise-Marguerite de Lorraine (1577–1631, see genealogical tables). She was thought to have been the author of the popular work *Alcandre*. For a discussion of this work, its authorship and possible relation to Mme de Villedieu's text, consult Bruce Morrissette's *The Life and Works of Marie-Catherine Desjardins* (St. Louis: Washington University Press, 1947).

[13] The assumption made here, which is historically untenable, is that Givry was raised in the Guise household.

[14] In 1589 Henri III signed a truce with Henri de Navarre. The king promised to tolerate the Huguenots and Navarre joined his forces with those of the king to oppose the duc de Mayenne and the League. The League (with the Guises), which had once fought for and supported the king, were at this particular moment opposed to him (see Johnson, *Europe in the Sixteenth Century*, Chapter VI).

[15] Hubert de la Garde, sieur de Vins, a member of the League's political administration.

[16] Charles, duc de Joyeuse (1571–1641), eldest son of the duc de Guise murdered in 1588 (see genealogical tables).

[17] Claude, duc de Joinville (1578–1657), the second son of the duc de Guise (see genealogical tables).

[18] "Le jeune Chevalier" refers to François de Lorraine (1589–1615), third son of the duc de Guise (see genealogical tables).

[19] These sentiments accurately reflect those of the Leaguers who feared that Henri III would turn over the kingdom to the Protestant Navarre (see note 2 above and J. H. Elliot, *Europe Divided*, Chapter IV: "Wars of Religion?").

[20] mail: a tree-lined walkway.

[21] The verb "recouvrer"; the subjunctive mode (plus-que-parfait) would not be used in modern French.

[22] Here again, echos of the Cornelian morale. The fact that Givry is lying renders him that much less of a *généreux* in the eyes of the reader.

[23] Accurate details taken directly from the historical sources.

[24] During the siege of Paris in July of 1589, as Mme de Villedieu indicates, many attempts were made to penetrate the barricades to allow provisions to reach the starving city. All of the details recounted here are accurate even though Mme de Villedieu combines details from the two sieges of Paris. The

second took place after the assassination of Henri III and under the command of Henri IV in 1590.

25 Although this gesture appears to be a *romanesque* invention on the part of Mme de Villedieu, it is a fact that officers, including Givry, allowed the blockades to be penetrated, usually for monetary gain (see, e.g., Mézeray, III, 786).

26 This particular detail is invented since it would have occurred after the death of Henri III. What is important here, however, is the different attitudes adopted by the two kings concerning Givry's "crime of passion."

27 The Catholics of course did not accept Henri IV as King of France and Givry did play an important role in the beginning of the reign.

28 "les oppositions étrangeres" here refers to Spain which controlled the Cardinal of Bourbon who was acknowledged by the League as King Charles X. (Johnson)

29 If Henri IV had declared himself a Catholic, he would have been more easily received as King of France since his right to the throne was not in dispute, only his religion.

30 All of the names mentioned here are historical personages. The most important are Madame de Guise, wife of Henri, duc de Guise; Madame de Nemours, the duc's mother; and the duchesse du Maine was married to the duc de Guise's brother, Charles, duc de Mayenne.

31 Givry fears that the king himself might take interest in the object of his desire. The suggeston made here and confirmed by the historical accounts is that Henri de Navarre was something of a flirt (see first nouvelle).

32 The details up to this point and in the remainder of the nouvelle are taken directly and sometimes almost verbatim from the historical sources (see introduction).

33 Lagny: situated north of Paris (see map).

34 Corbeil: situated to the south of Paris (see map).

35 In other accounts and especially in *Alcandre*, Mlle de Guise is described as haughty and capricious (see nouvelle IV, note 6).

36 Here, Mme de Villedieu inserts a fictional (though *vraisemblable*) gesture on the part of the king into an otherwise historical narrative.

37 See nouvelle II, note 44.

MADAME DE VILLEDIEU

LES DÉSORDRES DE L'AMOUR

QUATRIÈME PARTIE[1]

Le Roi fit des efforts incroyables pour reparer les desavantages que le premier voyage du Duc de Parme lui avoit fait recevoir.[2] Il s'avança à sa rencontre, il empêcha long-tems que le Duc du Maine, qui avoit pris la campagne, ne les investit à Yvetot & à Caubedec, & auroit terminé la guerre, si quelques-uns des generaux n'eussent preferé leur interêt particulier à la tranquillité generale. Le Duc de Parme fut dangereusement blessé à Caubedec, & mourut peu de mois aprés des suites de cette blessure.[3] La perte d'un si redoutable ennemi consola le Roi de ce que l'entreprise sur Roüen avoit manqué; il envoya ses troupes dans les quartiers, & prenant le sien à Gisors, il y fit venir la belle Gabrielle, pour qui son amour devenoit si violent qu'il ne pouvoit plus le contraindre.[4]

Givry n'avoit été à aucune de ces expeditions; il s'étoit fait porter à son gouvernement de Brie, où il tâchoit à se mettre en état de s'éclaircir de son avanture. Plus il rêvoit, & moins il pouvoit la démêler. Il étoit dans le fort de ces reflexions, & avoit commencé à monter à cheval pour la premiere fois, lors qu'en rentrant à Melun[5], on lui amena un gentilhomme de Madame de Guise. Elle le conjuroit par cet envoyé de lui donner passage pour aller voir la Duchesse sa belle-mère qui étoit tombée malade à Nemours en revenant de Bourbon où elle étoit allée prendre des eaux.[6]

Givry n'attendit pas la permission du Roi pour satisfaire à cette priere; il se répondoit[7] des honnêtetez de son maître, & envoyant à Madame de Guise un passe-port le plus ample qu'elle pouvoit le desirer, il fut la recevoir à l'entrée de son gouvernement & la conduisit jusques à Melun, où elle sejourna une nuit. Mademoiselle de Guise étoit de ce voyage, & si-tôt que Givry put rencontrer ses yeux, il y chercha sa bonne ou mauvaise destinée, mais il n'y trouva qu'une civilité indifferente sur laquelle il ne pouvoit asseoir aucun jugement.

Madame de Guise dépêcha le soir un courier à Nemours pour avertir la vieille duchesse de l'heure où elle jugeoit y devoir arriver, & pendant qu'elle écrivoit dans un cabinet proche de sa chambre, Mademoiselle de Guise s'étant mise vis-à-vis d'un miroir, où elle racommodoit quelque chose à sa coëffure, Givry la suivit & lui dit d'une voix qui marquoit sa crainte & son émotion:

«La lettre de Madame vôtre mère me sera-t-elle aussi favorable qu'une autre lettre m'a été funeste, Mademoiselle, & me donnera-t-elle le moyen de sçavoir les particularitez de ma disgrace?» «Ne parlons plus de cela, interrompit Mademoiselle de Guise, j'ai moi-même donné sujet à vôtre temerité: je pensois être encore dans ces premiers tems de nôtre enfance, où les plus grandes familiaritez étoient innocentes. Vous n'en avez pas jugé de même; vous avez regardé comme une faveur ce qui n'étoit qu'un emportement de gaïeté, & vous avez cru pouvoir écrire une lettre d'amour à qui vous avoit envoyé des vers amoureux. J'ai sacrifié le ressentiment de cette injure à la liberté du Chevalier d'Oise, & j'ai promis au Roi de ne m'en plus souvenir, ne la rappellez point dans ma mémoire.» «Mais,

Mademoiselle, reprit Givry, si je n'avois jamais eu la temerité de vous écrire, & que vous deussiez à cette verité ce que vous avez accordé à la liberté du Chevalier d'Oise, ne me devriez-vous point aussi la justice d'entendre mes justifications?» — «Comment! vous ne m'avez point écrit? poursuivit Mademoiselle de Guise. Hé! cette lettre me fut apportée de vôtre part, elle est signée de vôtre nom, & deux ou trois messages ont confirmé l'audace dont elle est remplie.» «Comme je ne l'ai point vuë, reprit Givry froidement, je ne sçai quelle audace vous y condamnez, mais je sçai bien que je n'ai point écrit, que si j'en ai eu quelque desir, je l'ai surmonté, & qu'il est impossible que dans cette lettre mon nom se trouve de mon écriture.»

Mademoiselle de Guise trouva cette avanture si bizarre, qu'elle voulut l'aprofondir. Elle se souvint que comme elle jettoit cette lettre dans le feu, une de ses filles, à qui elle ne cachoit rien, & qui avoit trouvé cette declaration d'amour galamment écrite, l'avoit empêchée de brûler. Elle fit appeler cette fille, & lui ayant demandé ce qu'elle avoit fait de ce papier, elle sçut qu'elle l'avoit encore, & que par hazard il étoit dans une cassette qu'elle aportoit à Nemours. Mademoiselle de Guise promit à Givry de lui faire voir cette lettre le même soir, & quand Madame sa mère fut retirée, Givry ayant conduit la jeune princesse à son apartement, elle lui tint sa parole. Mais quelle fut la surprise de Givry, quand il reconnut cette declaration d'amour pour être de la main du Marquis de Bellegarde.

«Il est vrai qu'il a pû l'écrire, dit-il aprés avoir lu, mais il devoit m'en demander l'aveu, & ceci cache sans doute un mistere que je crains de penetrer.» «Qui le fait, ce mistere? interrompit Mademoiselle de Guise, & qui a pû vous imposer des sentimens si temeraires & si extravagans?» «Je ne me plains point de cela, Mademoiselle, reprit Givry, & la passion que le Marquis de Bellegarde m'attribue est trop glorieuse pour être desavoüée. C'est lui qui vous écrit sous mon nom, & bien qu'il soit vrai que je n'aïe pû vous voir telle que vous êtes sans vous adorer, je serois mort avant que de vous le dire, & Monsieur le Grand trahit nôtre amitié, quand il vous découvre un secret que je ne lui ai point permis de reveler. Mais helas! ajoûta-t-il avec un soupir, ne me fait-il que cette trahison? & ne vous écriroit-il point sous le nom d'autrui pour sonder vos sentimens pour lui-même?»

L'amour est tout plein de caprices, & on ne peut en imaginer de si extravagans dont il ne soit capable.[8] Mademoiselle de Guise avoit été veritablement irritée de la temerité dont elle accusoit Givry, & ce qui lui déplaisoit en lui devoit lui déplaire dans tous les gentilshommes du royaume. Il n'y en avoit aucun mieux fait, & plus en passe d'une grande élevation que Givry: Mademoisselle de Guise avoit même un fond d'estime & de tendresse pour lui. Cependant, par une manie dont on ne voit des exemples que dans l'amour,[9] elle trouva singuliere l'action du Grand Ecuyer, & sentit une curiosité extraordinaire pour en sçavoir le motif. Elle fit diverses questions à Givry pour démêler si Bellegarde avoit simplement parlé pour son ami, ou s'il avoit voulu reconnoître comme elle recevroit l'amour d'un autre que d'un prince. Ce dernier soupçon lui plaisoit plus que le premier, et bien qu'elle conservât encore des dehors de fierté & qu'elle feignit même de ne vouloir éclaircir le crime du Marquis de Bellegarde que pour le mieux punir, il est certain que la rareté de l'avanture la lui faisoit envisager avec des yeux plus humains que ceux dont la premiere fois elle avoit lu cette lettre.

Givry ne démêla rien de tout cela; il osoit à peine lever les yeux sur la jeune princesse, & quand par ses regards elle lui auroit donné quelque soupçon, ce qu'il connoissoit de sa fierté l'auroit obligé à le démentir. Elle lui parut tantôt irritée de son audace, & d'autres fois resoluë à ne faire qu'en rire, mais bien que l'un & l'autre de ces mouvemens fussent également funestes pour ses esperances, la pensée que Mademoiselle de Guise sçavoit son amour, & qu'il l'en avoit lui-même entretenuë, le consoloit de toutes les autres reflexions, & la nuit qui suivit cet entretien fut la plus douce qu'il eût passé depuis l'avanture de Corbeil.

Madame de Guise partit le lendemain d'assez bonne heure, & Givry l'ayant accompagnée aussi loin qu'il le put, laissa le soin de son gouvernement à son Lieutenant de Roi, & se rendit à Gisors, où il étoit assuré de trouver le Marquis de Bellegarde. Il ne l'avoit point vû depuis l'affaire de Corbeil; il étoit en ce tems-là au devant d'un secours que les Princes Protestans d'Allemagne envoyoient au Roi, sous la conduite de ce même Prince Casimir, qui, déja étoit venu en France avec le Prince de Condé.[10] Le Roi craignant que les troupes de la Ligue ne dressassent quelque embuscade à celles-là, avoit envoyé le Grand Ecuyer leur netoyer les chemins, & lors qu'il en étoit revenu, Givry étoit blessé & se faisoit transporter en Brie. Il brûloit d'impatience de le voir pour lui demander l'explication de sa lettre. Il le trouva revêtu d'une nouvelle dignité, le Roi l'avoit fait Duc & Pair, & il en recevoit les complimens de ses amis lors que Givry arriva.

Le nouveau duc courut à lui bras ouverts, & bien que Givry ne fût pas content de ses procedez, il ne laissa pas de répondre obligeamment à ses caresses. Ils parlerent de nouvelles generales; le Duc de Bellegarde apprit à son ami qu'on attendoit à Gisors la Princesse Catherine, sœur du Roi,[11] qui aprés avoir été dans les mauvaises graces de Sa Majesté, parce que malgré ses défenses elle avoit voulu épouser le Comte de Soissons,[12] venoit recevoir le pardon de sa désobeïssance &, disoit-on, donner son consentement à un autre mariage. On ne parloit à la Cour que de la reception qu'on lui preparoit, & quand ces divers discours eurent fait l'entretien general, Givry se trouvant seul avec le nouveau duc:

«J'ai des nouvelles à vous apprendre à mon tour, lui dit-il. Madame & Mademoiselle de Guise ont passé dans mon gouvernement, & cette derniere m'a chargé d'une réponse à la lettre que vous lui aviez écrite.» Le Duc de Bellegarde rougit, & Givry l'ayant remarqué: «Je ne pensois pas poursuivit-il, avoir un secretaire de vôtre importance, & je me serois bien gardé de vous donner tant de peine, si j'avois pû deviner que vous daignassiez la prendre.» «Trouvez-vous qu'elle ait mal reüssi? repartit le duc, & vous ai-je rendu de méchans offices d'ami, quand je vous ai mis en état de parler à Mademoiselle de Guise comme son amant declaré?» «Je n'ai pas encore decidé, reprit froidement Givry, si cette declaration m'est avantageuse ou prejudiciale, mais, Monsieur le Duc, je sçai bien qu'il étoit d'un ami sincere & delicat de ne rien faire sur cela sans en avoir mon aveu & j'ai sujet de croire que vous avez voulu me faire sonder un guay dangereux, plûtôt que m'épargner une autre espece de peril.» «Il est vrai, interrompit irroniquement le Duc de Bellegarde, que le détour seroit ingenieux, & que jusques ici nous avons vû beaucoup d'amans avancer leurs affaires en parlant aux dames qu'ils aiment de la passion de leurs rivaux.» «Qu'avez-vous donc voulu faire, poursuivit Givry que le trouble du duc confirmoit dans ses soupçons, & qui étoit trop franc pour se déguiser. Quel droit avez-vous eu de trahir mon secret, & quelle excuse pouvez-vous donner au plus cher de vos amis de ce que vous lui avez attiré toute l'indignation d'une peronne qu'il vous avoit avoüé qu'il aimoit?» «J'ai jugé, reprit le Duc de Bellegarde, que du caractere dont étoit cet amour, il vous laisseroit long-tems languir sans apprendre vôtre destinée, & comme je suis persuadé que l'incertitude est le plus douloureux de tous les états, j'ai voulu vous en tirer, & vous faire ensuite prendre vôtre parti. Si Mademoiselle de Guise a reçu favorablement cette declaration de vos feux, vous êtes un ingrat de recevoir ce service avec tant de froideur, & si elle est veritablement irritée, je vous ai laissé la liberté de nier, & vous pouvez vous servir de vôtre raison pour vous guerir, ou continuër d'aimer sans le dire, comme si je n'avois point écrit.» Givry avoit le naturel admirable & aimoit parfaitement le Duc de Bellegarde. Il fut prêt à lui demander pardon de l'avoir soupçonné, & l'auroit fait, si un grand nombre de gens de la Cour les ayant interrompus, il n'avoit sçu ce même soir que son amitié l'aveu-gloit & que le Duc de Bellegarde étoit veritablement son rival.

Madame de Maugiron exécutoit fidellement la menace qu'elle avoit faite à Givry de l'aimer malgré lui toute sa vie. Les mépris de cet amant & les hommages qu'elle recevoit tous les jours de plusieurs autres ne pouvoient rien changer aux sentimens de son cœur. Elle avoit fait tant de questions aux gens qui passoient à Moulins, où depuis la mort du feu Roi, la Reine Loüise s'étoit retirée, & avoit mis tant d'espions à la suite de Givry qu'elle avoit découvert son amour pour Mademoiselle de Guise. Il avoit fait du bruit à la liberté du Chevalier d'Oise; l'histoire de cette lettre que Givry assuroit n'avoir point écrite, n'avoit pû être si secrette, qu'une amante jalouse n'en eût appris quelque chose; & dans le voyage que la Doüairiere de Nemours[13] avoit fait à Bourbon, Madame de Maugiron qui l'y avait vuë, s'en étoit fait aimer de telle sorte que quand la Reine Loüise se mit en religion, Madame de Nemours prit Madame de Maugiron auprés d'elle. Elle y étoit lors que Madame & Mademoiselle de Guise vinrent à Nemours. La jeune princesse & Madame de Maugiron se regarderent avec beaucoup d'attention, & cette derniere, que la jalousie possedoit, épia si bien les occasions de découvrir les sentimens de sa rivale, qu'elle les apprit de sa propre bouche. La maladie de Madame de Nemours devenoit plus longue que dangereuse, Mademoiselle de Guise n'étoit pas obligée à garder de grandes apparences de douleur, & laissoit souvent à Madame sa mère le soin de demeurer auprés de la malade. Un soir que, suivant sa coûtume, elle s'étoit retirée d'assez bonne heure à sa chambre, & qu'ensuite elle alloit se promener dans le jardin sans autre compagnie que cette fille qui avoit toute sa confiance, Madame de Maugiron les suivit, & se glissant derriere des pallissades, entendit que Mademoiselle de Guise disoit:

«Non, la Mothe,[14] je ne trouve pas le Grand Ecuyer mieux fait que Givry,

& je t'ai avoüé plus d'une fois qu'il m'étoit resté une idée de ce dernier qui auroit pû avoir des suites tendres, s'il eût été un homme de mon rang. Mais soit que cette manie fût cessée quand je revis Givry, ou que l'autre étant plus nouveau pour moi, sçut mieux trouver le foible de nôtre sexe, il me donna plus d'attention dans les Thuilleries que ne m'en donna son ami. Ce qu'il fit pendant la tréve me plut davantage que ce que faisoit l'autre, & je donnois à Givry des marques de tendresse & de familiarité que je n'aurois osé donner à Bellegarde sans trouble & sans scrupule. Quand je reçus la lettre que tu sçais, il me sembla avoir vu celui qui me l'apportoit à la suite de Bellegarde; je la crus de lui, & le dépit de ce qu'elle n'en étoit pas m'irrita autant contre Givry que son crime même. Ce n'est pas que j'eusse voulu que Bellegarde m'eût impunément parlé d'amour; mais le respect & la bienseance ménagez, j'aurois mieux aimé découvrir ces sentimens dans son cœur que dans celui de Givry. J'ai même eu je ne sçai quelle joïe extraordinaire quand, à Melun, j'ai dû juger qu'il est amoureux de moi.

«Mais, Mademoiselle, interrompit la Mothe, qui vous a dit qu'il l'est? Cette lettre est écrite au nom de Givry, & le Grand Ecuyer étant son ami particulier, n'a peut-être point eu d'autre intention que de vous apprendre ses feux sans le commettre[15] à vôtre colere.» «Tu n'as point d'entendement, reprit Mademoiselle de Guise, ou tu ne crois pas ce que tu dis. Rappelle dans ton souvenir l'action que fit Bellegarde pendant la tréve. Remets-toi ses regards devant les yeux, les messages qu'il me fait faire tous les jours & ces vers de l'amant inconnu qu'à tous momens on trouve sur ma toilette, ou dans mes habits? Puisque ce n'est point Givry qui les écrit, qui peut-ce être que Bellegarde? Je ne voi aucun des gens de nôtre parti attaché auprés de moy; ils sont tous mes parens ou mes inferieurs, & ne peuvent, ou n'osent m'aimer. Bellegarde & Givry sont les seuls qui dans le parti du Roi m'ont témoigné de l'attachement, l'un m'avoüe qu'il m'aime, l'autre écrit une lettre misterieuse. Tout ce qui est d'un caractere passionné part sans doute de l'un des deux; ce n'est point Givry qui m'a fait une declaration d'amour, c'est donc Bellegarde, & il a finement voulu sçavoir, par l'experience d'autrui, comme je la recevrois.»

En achevant cette parole, Mademoiselle de Guise entra dans un parterre, où Madame de Maugiron n'auroit pû la suivre sans être apperçue; mais elle en avoit assez entendu. Elle avoit impatience d'être au lendemain, pour faire sçavoir à Givry le peu de fruit qu'il retiroit de son infidelité, & ne croyant pas ses lettres assez fortes pour le persuader, elle se fit un pretexte d'affaires à la Cour, & y arriva comme Givry sortoit de chez le Duc de Bellegarde.

Les pensées de Madame de Maugiron allant toutes à Givry, elle ne chercha que lui, & n'eut pas grande peine à le trouver. Il reçut un billet d'elle qui l'avertissoit de son arrivée, & qui lui demandoit en grace qu'elle pût le voir diligemment. Cette nouvelle l'affligea; il craignoit la vüe de cette femme, & fut tenté de retourner sur ses pas à son gouvernement. Mais venant à songer que ce procedé seroit mal-honnête avec une personne qui ne se l'étoit point attirée, il surmonta sa repugnance, & fut au lieu où Madame de Maugiron lui avoit marqué qu'il la trouveroit.

Elle n'avoit jamais été si belle & si propre que ce soir-là. Givry s'étonna dans son ame, qu'avec tant de charmes, & beaucoup d'amour, elle n'eût pû le retenir, & croyant qu'elle venoit lui en faire des reproches:

«Epargnez-vous la peine de me dire le sujet de vôtre voyage, Madame, lui dit-il; je devine en partie, & je sçai d'avance tout ce qu'un juste ressentiment peut vous dicter. Mais, Madame, je suis un miserable qui ne puis joüir des faveurs du sort, & qui malgré le blâme secret que je donne à mon cœur, ne puis le guérir de son relâchement. Ayez-en le mépris qu'il merite, Madame, & sans porter vos bontez jusques à venir me reprocher mon inconstance, abandonnez-moi à mes dissipations & à mes tiedeurs.» «Je pourrois vous y abandonner en effet, repartit Madame de Maugiron, si elles étoient mes uniques rivales. Je ne sçai même si les soumissions de mon cœur n'iroient pas jusques à me consoler de mes malheurs par vôtre felicité, & si je ne vous pardonnerois point vôtre amour pour Mademoiselle de Guise, si elle daignoit y répondre. Mais je ne puis vous abandonner à ses mépris & aux trahisons de vôtre ami Bellegarde; c'est contre ce destin que vous devez tâcher à vous défendre plûtôt que contre des reproches dont le caractere de ma tendresse me défend de vous accabler.»

Givry fut surpris de ce discours, & pensa[16] laisser voir son trouble, mais venant à songer que Madame de Maugiron avoit peut-être des espions qui lui auroient apris l'aparence de l'avanture, sans en penetrer la verité, il se remit, & lui répondit assez froidement: «Je ne m'étonne pas, Madame, qu'ayant autant de merite que vous en avez, vous cherchiez des causes de ma tiedeur ailleurs que dans vous-même, & je comprens aussi que soupçonnant le meilleur de mes amis de n'avoir pas assez combattu mes injustices, vous veuilliez vous en venger en nous broüillant ensemble. Mais, Madame, je ne suis pas susceptible de mauvaises impressions, & ce que je sçai de vos erreurs sur Mademoiselle de Guise me fait juger qu'elles ne sont pas moindres dans ce qui touche le Duc de Bellegarde.» «Non, non, interrompit Madame de Maugiron, ce n'est plus avec moi qu'il faut affecter ces déguisemens. Je sçai ce que je vous dis par la bouche même de Mademoiselle de Guise.» Et alors lui racontant ce qui s'étoit passé à Bourbon, & à Nemours, elle le transporta d'une si furieuse jalousie qu'il n'en pût être le maître.

«Pardonnez-moi, Madame, lui dit-il, en la faisant éclater, si je vous rends témoin d'un transport qui doit vous être si douloureux. Si j'avois assez de pouvoir sur moi pour le moderer, j'en aurois eu assez pour resister à ce qui le cause; & je vous aimerois encore autant que je vous ai aimée. Je vous jure par ce qui m'est de plus sacré que je voudrois au prix de la meilleure partie de mon sang avoir conservé cette premiere passion. Mais, Madame, on n'aime point par choix; les caprices du cœur sont les tirans de la raison,[17] & puisque je vous desavoüerois en vain mon inconstance, j'aime Mademoiselle de Guise jusques à la fureur, & je suis capable des derniers effets du desespoir si je la vois me preferer un rival de ma qualité. Peut-être que sans murmure je la verrois épouser un grand prince; mais je ne puis sans mourir lui voir de la complaisance pour les feux d'un homme de mon rang. S'il est vrai qu'elle en ait, vous serez bien-tôt vengée, & vous ne m'aurez pas apris inutilement la funeste nouvelle que vous êtes venuë me dire de si loin.»

Il sortit en achevant ces paroles, & aprés s'être tourmenté la nuit entiere, il fut le lendermain chez le Duc de Bellegarde avant qu'il fût éveillé. «Vous avez raison, lui dit-il, en ouvrant son rideau, de goûter un sommeil tranquille; c'est à vous de joüir d'un profond repos, & à moi d'y renoncer. Mais, perfide ami, que ne m'en avez-vous privé par les voies ordinaires, & que vous avois-je fait pour porter vôtre trahison jusques à me rendre l'instrument de mon suplice? C'est par l'aveuglement de ma confiance que vous avez veu les premiers effets de l'esprit de Mademoiselle de Guise; ce fut moi qui vous menai à Paris pendant la tréve; ce furent les permissions que j'obtins du Roi qui vous donnerent la commodité de la regaler[18] au camp; c'est de mon nom que vous vous êtes servi pour lui declarer vôtre amour; et c'est par l'erreur où vous l'aviez mise que vous m'avez engagé à lui dire le premier que cette lettre étoit de vous. Etoit-elle la seule personne du monde sur qui vous puissiez arrêter vos desirs? & s'il est inévitable de la voir sans l'aimer, ne pouviez-vous lui découvrir vos feux par un autre que par moi-même?»

Le Duc de Bellegarde auroit encore pû rusé s'il l'eût voulu. Ce que Madame de Maugiron avoit rapporté ne le convainquoit de rien, mais sa propre conscience l'accusoit, & il avoüa ingenuëment à Givry qu'il aimoit Mademoiselle de Guise; que cet amour étoit né dans les Thuilleries dés le premier jour qu'il l'avoit vuë; qu'il s'étoit augmenté par les autres rencontres, & finalement que c'étoit pour sonder son cœur qu'il lui avoit écrit la lettre que Givry avoit vuë. «Si elle y eût répondu obligeamment, ajouta-t-il, j'aurois fait tant d'efforts pour me vaincre, que peut-être je me serois vaincu. Mais puis qu'elle n'a pour vous aucune favorable prevention, laissez-moi poursuivre un cœur où vous n'avez point de droits, & songez que s'il y avoit des engagemens qui pussent défendre contre les traits de Mademoiselle de Guise, Madame de Maugiron vous en auroit défendu.»

Ils eurent encore plusieurs discours semblables, qui enfin se fussent aigris, & ne leur auroient pas permis de se separer aussi bons amis qu'ils avoient vécu, si le Duc de Montpensier n'eût interrompu leur entretien. Ils lui parurent émus; il remarqua qu'ils se regardoient avec indignation, & les transports de la jalousie sont ordinairement si impeteux que Givry ne fut pas long-tems sans lui apprendre ce qu'il devinoit déja. Givry ne nommoit personne, & le Duc de Montpensier comprit seulement qu'un interêt les broüilloit, mais le Roi, qui fut d'abord informé de la chose, & qui sçavoit parfaitement les affaires de Givry, l'envoya chercher, & se servit si à propos du pouvoir qu'il avoit sur son espirt, qu'il en calma le desordre.[19]

«Qu'avez-vous avancé auprés de Mademoiselle de Guise, lui disoit-il, que vous soyez en droit de défendre contre un rival? Si l'un de vous est quelque jour assez fortuné pour en obtenir quelque faveur, j'aurai peut-être de la complaisance pour le desespoir de l'autre; mais jusques à ce temps-là, qu'avez-vous à vous disputer? & de quoi vous portez-vous envie?>>

Givry fut prêt de dire au Roi que ce n'étoit pas sans cause qu'il portoit envie à son rival; mais le respect qu'il devoit à Mademoiselle de Guise l'ayant retenu, & craignant de plus que s'il declaroit le bonheur du Duc de Bellegarde, il ne fût assez malheureux pour lui en donner lui même la connoissance, il aima mieux ne rien dire, & se contenta d'assurer Sa Majesté qu'il ne donneroit point un exemple de division entre les chefs de son parti.

Pour tenir plus aisement cette parole, il retourna dans son gouvernement, où le Roi vouloit venir en bref, & où il jugeoit avoir quelques ordres à donner pour sa réception. Avant son départ il vit arriver Madame Catherine,[20] & obtint de Sa Majesté que cette princesse prendroit Madame de Maugiron auprés d'elle, comme la Reine Loüise l'y tenoit autrefois; il lui fit même donner une pension, afin qu'elle se maintînt à la Cour avec plus d'éclat; & si elle avoit pû se contenter d'une simple amitié & de beaucoup de soins pour sa fortune, elle auroit été satisfaite de Givry; mais elle comptoit pour rien tout ce qui n'étoit point de l'amour, & quoi qu'elle pût faire, il lui étoit impossible de la rallumer dans le cœur de Givry.

Il en avoit beaucoup en effet, & il n'y a rien qu'il n'eût voulu faire pour voir cette femme dégagée, mais on ne guerit pas de ce mal aussi aisément qu'on en devient malade. Elle continua de l'aimer malgré lui & malgré elle, et il retourna à Melun aussi injuste et aussi ingrat qu'elle l'avoit trouvé en arrivant à Gisors.

Le voyage que le Roi faisoit en Brie étoit un heureux acheminement à la tranquillité du royaume: le peuple se lassoit de la guerre, & le Duc du Maine avoit un interêt particulier de la terminer. Dans le dernier voyage que le Duc de Parme avoit fait en France, le jeune Duc de Guise en avoit reçu de grandes caresses. Les Espagnols disoient tout haut qu'un homme de son âge et de son activité étoit plus propre à opposer au Roi qu'un chef avancé vers la vieillesse & dont la santé n'étoit pas vigoureuse.[21] Madame la Duchesse du Maine trembloit de crainte que ces discours n'eussent leur effet. Elle connoissoit Madame de Guise pour une princesse altiere, qui la traiteroit avec hauteur si son fils devenoit chef du parti, & elle aimoit mieux se soûmettre aux ordres du Roi que de voir son mari commandé par un jeune homme. Elle étoit incessamment aux oreilles du duc pour le porter à faire son accommodement pendant qu'il avoit l'authorité, & lui faisoit craindre qu'il ne le fît moins avatageux quand il ne l'auroit plus.[22] Il goûtoit assez cet avis, mais il ne pouvoit avoir d'effet tant que le Roi seroit heretique; & Sa Majesté le jugeant comme ses ennemis, avoit resolu de se faire instruire.

On fit pour cela une tréve de trois mois, pendant lesquels Sa Majesté s'étant avancée jusques à Melun, on y recommença des conferences plus sinceres de la part de la Ligue que n'avoient été les premieres. Elles étoient à peine ouvertes que Madame & Mademoiselle de Guise repasserent en Brie pour retourner à Paris, où elles ramenoient en litiere la Doüairiere de Nemours. Elles ne virent point le Roi. Madame de Guise craignoit, si elle le voyoit, de s'attirer quelques reproches du Duc du Maine, mais elle en reçut des complimens par la bouche de Givry, & cet amant les ayant ensuite accompagnées jusques aux portes de Paris, il trouva en sortant de dîner la commodité de parler un moment à Mademoiselle de Guise.

«Oserois-je vous demander, Mademoiselle, lui dit-il, si vous avez enfin rendu justice à mon innocence? & si la colere où m'exposoit une lettre supposée est pleinement effacée de vôtre cœur?» «Vous n'avez rien désavoué de ce que cette lettre contient, repartit Mademoiselle de Guise froidement, & ce n'étoit pas l'écriture qui m'en déplaisoit, c'étoit le sens.» «J'avouë, & j'avouërai toujours, poursuivit Givry que j'ai pour vous un amour qui va jusques à l'adoration, mais je désavouë l'audace qu'on a eu de vous le faire si-tôt connoître; je l'aurois respectueusement conservé dans mon cœur jusques à ce qu'un service signalé en eût en quelque sorte autorisé l'aveu, & si j'avois été assez malheureux pour vous être toûjours inutile, j'aurois attendu que ma mort, en découvrant ma temerité, l'eût expiée.» «Tout cela vous étoit encore aisé, reprit Mademoiselle de Guise du même ton, vous n'aviez qu'à nier l'amour qu'on vous attribuoit, je n'aurois fait aucune perquisiton pour vous en convaincre.» «Mais, Mademoiselle, interrompit Givry, c'étoit vous qui me parliez, vous êtes ma divinité visible, je vous dois une religieuse sincerité, & quand j'aurois voulu vous la déguiser, mes yeux vous l'auroient découverte.» «A quoi butte ce discours, interrompit la princesse d'un air chagrin, j'ai promis au Roi & je vous repete la promesse, que je ne me souviendrai jamais de tout ce qui s'est passé. Je vous prie une fois pour toutes, n'en parlons de nôtre vie.» «Il me semble, Mademoiselle, reprit Givry, penetré de douleur, qu'à Melun vous ne me fites point ce commandement. Permettez-moi de vous dire que vous aviez lors quelque curiosité qui vous rendoit ce discours plus agreable, ou que depuis vous avez fait des reflexions qui me sont desavantageuses.» Mademoiselle de Guise rougit du reproche de Givry, & cette rougeur confirmant ce qu'avoit dit Madame de Maugiron: «Ah! s'écria-t-il, transporté de jalousie, il n'est que trop vrai que les temeritez qu'on trouve en moi si condamnables sont excusées dans mon rival, & que je suis le plus malheureux de tous les amans.»

Il ne put en dire davantage. On vint avertir Mademoiselle de Guise qu'il falloit partir, & elle prenoit si peu de plaisir à ce que lui disoit Givry, qu'elle ne se fit pas attendre. Givry la conduisit jusques au carosse, & le suivit encore deux heures, mais à peine dans tout ce tems Madame de Guise put-elle en tirer quatre paroles. Il retourna auprés du Roi si affligé & si melancolique que Sa Majesté s'en apperçut. Elle eut la bonté de le tirer à part, & de lui demander ce qui le rendoit si triste. «Ah! Sire, repartit Givry, presque les larmes aux yeux, Mademoiselle de Guise me hait, & si le respect que je lui dois me permet d'en dire davantage, elle aime le Duc de Bellegarde.» Le Roi voulut sçavoir sur quelles apparences Givry fondoit cette opinion, & l'amant affligé n'ayant pû le lui celer: «Les caprices d'une jeune personne dont le cœur n'est encore determiné à rien, repartit le Roi, sont aussi changeans que vastes; Bellegarde n'est pas plus en passe[23] de l'épouser que vous, toutes ses esperances doivent se borner à lui plaire. S'il n'a que celles-là, je vous menagerai tant d'occasions de le primer qu'enfin vous serez le plus heureux. Vivez seulement bien avec lui pour l'amour de moi, & laissez-moi le soin du reste.»

Cette promesse consola un peu Givry. Il comprit, comme le Roi le lui disoit, qu'en effet Sa Majesté pouvoit lui donner tant de moyens de servir Mademoiselle de Guise que la reconnoissance l'emporteroit sur la prevention, et sacrifiant les mouvemens de sa jalousie aux volontez d'un maître si familier & si obligeant, il ne se passa rien de plus aigre entre ces amans à Melun qu'à Gisors.

Cependant la conversion du Roi & la paix generale du royaume touchoient également à leur terme. Sa Majesté persuadée par les raisons des docteurs qui l'instruisoient fit abjuration dans l'Eglise de Saint-Denis & son heresie ayant été le seul obstacle qu'il eût trouvé dans le cœur des peuples, il n'y eut pas sitôt renoncé que Paris ouvrit ses portes à son prince legitime.[24]

Le Duc du Maine & les autres princes de sa maison ne l'y attendirent point, ils se retirerent à Soissons, où depuis ils firent leur accommodement,[25] & il ne resta dans la ville que la Doüairiere de Nemours, qui étoit trop foible pour partir, & Mademoiselle de Guise, qui ne put l'abandonner. Le Roi, pour tenir à Givry la parole qu'il lui avoit donnée, faisoit tous les jours des graces à la maison de Guise par son organe. Il le chargea d'un sauf-conduit pour le Duc de Maine, & quand Sa Majesté entra triomphant dans Paris, elle permit encore que Givry, avec une brigade d'archers de sa garde, allât garantir la maison de Madame de Nemours de toute insulte. Ce n'étoit pas que la reduction de Paris, étant volontaire, dût y faire apprehender aucun desordre; mais comme la maison de Guise avoit été l'appui de la Ligue, & que parmi le peuple il y a toûjours des sediteux, qui sur le pretexte d'être zelez tâchent à s'enrichir d'un pillage, le Roi crut devoir user de cette precaution, & en donna le soin à Givry. Il courut s'aquitter de cet ordre, & se preparoit à l'accompagner de toutes les offres qu'on pouvoit attendre de son amour; mais il fut bien surpris de se voir prevenu par le Duc de Bellegarde, & de le trouver à la tête d'un gros de volontaires, posant un corps de garde à la porte de l'hôtel de Nemours.

«Qui vous a donné ordre de faire ce que vous faites? lui dit-il, brûlant de colere, & d'où vient que de vôtre seul mouvement vous posez ainsi des corps de garde dans quelques quartiers de la ville?» «Je rendrai compte au Roi de mon action, repartit froidement le Duc de Bellegarde, & ce n'est pas à vous d'en prendre connoissance.» «C'est si bien à moi, poursuivit Givry, que si presentement vous ne faites partir ces gens, je vais les charger, & nous verrons ensuite lequel de nous deux sera mieux avoüé de Sa Majesté.» «Vous abusez des droits de nôtre ancienne amitié, reprit le duc, & vous me ferez enfin oublier ce que nous étions autrefois, pour me souvenir de ce que nous sommes.» «Je vais vous en rafraîchir la mémoire, interrompit Givry, en mettant l'épée à la main, & c'est pour avoir été trop bons amis que nous devons être ennemis irreconciliables. Alors les deux rivaux, oubliant les ordres du Roi, se lancerent l'un sur l'autre avec une fureur sans égale & n'auroient pas combattu long-tems sans laisser de sanglantes marques de leur combat, si Mademoiselle de Guise, qui d'une fenêtre avoit vû le commencement de cette dispute, ne fût venuë en personne tâcher d'en empêcher la suite. Elle se mela courageusement entre les deux rivaux, & sa presence ayant calmé toute leur fureur, elle ne leur eut pas si-tôt ordonné de s'arrêter qu'ils mirent leurs épées à ses pieds. «Quoi! dit-elle durement à Givry, c'est vous qui vous opposez aux soins qu'on prend pour nôtre sureté? Vous n'êtes pas content d'avoir combattu contre les enfans du feu Duc de Guise, vous voulez encore exposer sa mère & sa fille au pillage, & c'est par une ingratitude si visible que vous esperez vous établir dans mes bonnes graces?» «Moi? Mademoiselle, interrompit tendrement Givry, je suis ingrat envers vous? & je veux vous exposer au pillage?» «Que faites-vous donc? poursuivit Mademoiselle de Guise, & qu'est-ce que je viens de voir & d'entendre?» «Vous m'avez vu jaloux qu'un autre que moi vous rendit ce petit service, reprit-il, & pour mon desespoir, je vous vois fâchée de ce que j'empêche cet autre de vous le rendre.» «Je ne veux le recevoir ni de l'un, ni de l'autre, repartit Mademoiselle de Guise, renvoyez vos gens, & ne venez point donner aux mutins un exemple d'impunité. Nous nous garderons mieux seules que par le secours de deux hommes si peu respectueux.» Et alors commandant imperieusement aux deux partis de se retirer, les deux chefs furent contraints de leur en donner l'ordre. Ils les firent toutesfois tenir aux environs, & demeurerent en personne auprès des princesses, pour être assurez qu'il ne leur seroit fait aucun outrage. Ils n'eurent pas long-tems besoin de cette precaution: le Roi fut à peine entré dans Paris que le calme s'y rétablit comme si jamais il n'y avoit eu de désordre.[26] Sa Majesté fut en toute sureté à Nôtre-Dame, & de la vint, dîner au Louvre où elle reçut les hommages des plus zeles de ses sujets. Aprés le dîner, le Roi alla voir passer une garnison espagnole que les liguers avoient reçuë,[27] & à laquelle il donna passeport, & pendant ce tems le brigadier qui avec les archers de sa garde avoit accompagné Givry, étant venu lui dire ce qui s'étoit passé entre les deux amans, le Roi envoya les chercher, & leur défendit si absolument de se quereller à l'avenir que depuis il n'en eurent plus l'assurance.

Toutes les actions de Mademoiselle de Guise avoient confirmé Givry dans la connoissance de son malheur; elle avoit mieux reçu les excuses du Duc de Bellegarde que les siennes; toutes les paroles aigres s'étoient adressées à Givry, & les douces à son rival. Elle ne rencontroit point les yeux de Bellegarde sans trouble, & Givry ne voyoit dans les siens que de l'embarras ou de l'indignation. Il en conçut un déplaisir qui lui ôta son enjoüement naturel, & qui lui changea si fort le visage que le Roi craignit qu'il ne tombât dangereusement malade. Sa Majesté qui l'aimoit cherement, & qui étoit sensible aux peines que cause l'amour, fit ce qu'il put pour le soulager. Elle eut la bonté de voir Mademoiselle de Guise, & de lui parler en sa faveur. Quand le Duc du Maine fit faire quelques propositions, le Roi ne voulut les recevoir que par la bouche de Givry, il lui donna un pouvoir general pour traiter avec le Duc de Guise, & il fut le seul mediateur entre le Roi & ces princes; mais toutes ces faveurs de Sa Majesté étoient mal expliquées. Mademoiselle de Guise croyoit que Givry les exigeât, & lui vouloit mal de ce qu'il la commettoit[28] ainsi aux discours du Roi & de toute la Cour. Ce mécontentement avoit même plus d'une cause. Le Roi avoit trouvé Mademoiselle de Guise tres-belle; elle avoit assez d'ambition pour porter ses pensées jusques au trône, & on parloit déja de la dissolution du mariage de Sa Majesté avec la Reine Marguerite comme d'une chose resoluë.[29] Le Duc de Bellegarde qui avoit des grandes intrigues, & qui sçavoit se servir de tous ses avantages, avoit laissé croire à Mademoiselle de Guise qu'il seroit utile à ses desseins, & semoit adroitement quelques paroles qui lui faisoient craindre que l'amour de Givry n'y apportât de l'obstacle: le Roi l'aimoit, & il étoit vrai-semblable que cette amitié balançoit les charmes de Mademoiselle de Guise. Ces imaginations avancerent si bien les affaires du Duc de Bellegarde, qu'à peine Mademoiselle de Guise conservoit pour Givry des mesures de civilité. Madame Catherine, qui comme la belle Gabrielle, & toute la Cour, étoit venuë à Paris, y avoit amené Madame de Maugiron, et il n'y eut rien que cette femme ne tentat pour profiter des rigueurs de Mademoiselle de Guise. Mais la destinée de cette amante, & celle de l'infortuné Givry, étoient d'aimer sans qu'on les aimât, & loin que les mépris qu'on leur témoignoit reveillassent leur courage, il sembloit que leur amour s'augmentât par ces contrarietez.

Les deux premiers mois d'aprés la reduction de Paris furent employez par le Roi à rétablir le Parlement, à faire declaration avantageuses pour ses fideles sujets, & à recevoir les deputations de Roüen, & de plusieurs autres villes ligueuses qui revenoient à l'obeïssance.[30] Mais au bout de ce temps-là, les Espagnols qui étoient au desespoir de ne pouvoir plus émouvoir de troubles domestiques dans le Royaume essayerent de l'attaquer par le dehors.[31] Le Comte de Mansfeld assiégea la Capelle et le Roi, jugeant prudemment que si les ennemis faisoient quelque progrez en France, le reste des ligueurs reprendroient courage, fut en personne tâcher de faire lever ce siege. Il ne put y arriver assez à tems; il sçut en chemin que la ville étoit renduë, & voulant reparer cette perte par quelque conquête, il fit dessein sur Laon, qui étoit comme le fort du reste des ligueurs. Le Duc du Maine étoit encore de leur nombre, le Duc de Guise avoit fait son accommodement, & la plus grande partie des princes de la maison avoient suivi son exemple. Mais le Duc du Maine avoit des scrupules qu'on ne pouvoit vaincre; il ne vouloit reconnaître le Roi que quand il auroit son absolution de Rome,[32] & sur ce pretexte tenant toûjours la campagne, il appuyoit les entreprises des ennemis. Le Roi ayant été averti que ses enfans étoient dans Laon avec quelques autres des plus opiniâtres ligueurs, crut que s'il les tenoit, il obligeroit plus aisément le reste du parti à implorer sa clemence. Mais pour ne pas se reprocher qu'il eût manqué à prendre toutes les voies douces avant que de tenter les rigoureuses, il envoya avertir les princesses de la Maison de Lorraine qu'il étoit contraint d'en venir à de grandes extremitez contre le reste des ligueurs, & qu'il auroit une extreme joïe si elles pouvoient en separer les princes de leur rang. Il aimoit trop Givry pour charger de cette commission un autre que lui.[33] Il lui donna ses ordres, & lui commandant la diligence, Givry fut le lendemain avant midi à l'hôtel de Guise. Il y trouva Mademoiselle de Guise, seule, Madame sa mère étoit allée à un service dont elle avoit bien voulu la dispenser; & Givry ayant fait dire à la jeune princesse qu'il venoit de la part du Roi pour chose importante, fut conduit dans sa chambre avant qu'elle fût hors du lit. Il la trouva si belle en cet état, qu'il ne pût être le maître de son transport. Il se laissa tomber à genoux à côté de son lit, & prenant une de ses mains, qu'il baisa avec beaucoup d'ardeur, il auroit porté son audace plus loin, si la princesse l'ayant repoussé, ne lui eût dit d'un ton impetueux: «Insolent, vous servez-vous du nom du Roi pour venir me faire des offenses? Sortez de ma chambre, & n'y remettez jamais le pied, que vous n'ayez mieux appris ce que vous devez à une princesse de mon rang.» Ces paroles saisirent si fort Givry qu'il demeura apuyé contre un fauteuil comme s'il eût été un terme, & l'effet de ce saisissement passant auprés de Mademoiselle de Guise pour une desobeïssance, elle renouvela ses commandemens, & les accompagna de paroles si méprisantes que Givry ne pût les soutenir. «Oui, Mademoiselle, dit-il d'une voix qui annonçoit son desespoir, vous serez obeïe. Le temeraire Givry N'entrera jamais dans vôtre chambre, & comme il ne peut renoncer à vôtre vuë sans mourir, son sang va bientôt expier le malheur qu'il a eu de vous déplaire.» Il sortit en achevant ce dernier mot, & si on eût crû l'officieuse la Mothe, on l'auroit retenu. Mais Mademoiselle de Guise avoit ses raisons de ne la croire pas; ses remontrances & ses prieres furent vaines, & tout ce qu'elle pût obtenir, ce fut qu'elle pourroit faire chercher Givry, & lui dire de son mouvement ce qu'elle jugeroit propre à le consoler.

Elle le trouva dans le jardin de l'hôtel de Guise, où il se promenoit comme un forcené. «A quoi avez-vous donc pensé? lui dit-elle en l'abordant, quand vous vous êtes porté avec Mademoiselle de Guise à des libertez si condamnables? Est-ce de cette sorte qu'on obtient les faveurs d'une princesse vertuese & pleine de courage? & la regardiez-vous comme une ville rebelle que vous auriez resolu de prendre d'assaut?» «J'ai tort, repartit languissamment Givry, & j'avoüe que mon transport n'a consulté ni mon respect, ni ma raison. Mais le moindre regard de Mademoiselle de Guise m'auroit remis dans mon devoir, & il n'étoit point necessaire d'y ajoûter ce torrent de paroles méprisantes. Un mouvement de passion dans un homme perdu d'amour, n'est peut-être pas un crime si peu remissible que Mademoiselle de Guise l'a jugé. Mais c'est que d'un amant qui déplaît toutes choses sont injurieuses. C'est ma personne qui offense Mademoiselle de Guise, & non mon amour, & l'attentat que j'ai commis n'auroit pas été puni si severement dans le Duc de Bellegarde qu'en moi. Vous le sçavez, Mademoiselle, & vous n'avez pas oublié ce que Mademoiselle de Guise vous dit sur cela dans les jardins du Château de Nemours. Cette conversation m'a été rapportée mot à mot, & je la reconnois pour la source de toutes les rigueurs que j'ai éprouvées depuis. Je n'en parlerai jamais qu'à vous, je tourne tous mes ressentimens contre moi-même, & c'est par ma mort seule que je veux soulager mes malheurs; mais faites-moi la grace de dire à Mademoiselle de Guise, que je n'en ignore aucun, & que celui qui me reduit dans le desespoir où je suis n'auroit pas été si grand si les autres ne l'avoient precedé.» La Mothe estimoit Givry, & fut veritablement touchée de l'état où il lui paroissoit. Elle fit ce qu'elle put pour lui donner quelque soulagement, & tantôt niant ce qu'il disoit au sujet du Duc de Bellegarde, d'autrefois tâchant de l'adoucir, il ne tint pas à elle qu'il ne reprît quelque tranquillité; mais il en étoit devenu incapable. Mademoiselle de Guise méprisante, irritée, & prevenuë secrettement en faveur d'un rival, lui inspiroit mille funestes resolutions. Il fit un grand effort pour se contraindre en parlant à Madame de Guise & à Madame de Nemours, & eut tant de pouvoir sur lui-même qu'elles ne remarquerent point l'alteration de son esprit, mais ce moment de contrainte ne servit qu'à rendre aprés sa fureur plus violente. Il retourna auprés du Roi, qu'il trouva déja campé devant Laon; il lui rendit mille graces de la part des princesses du compliment qu'il avoit daigné leur faire faire; elles en auroient volontiers profité si on avoit voulu les croire, mais le Duc du Maine étoit si accoûtumé au commandement, qu'il ne pouvoit y renoncer qu'à la derniere extremité. La ville de Laon fut prise, & le desesperé Givry chercha tant d'occasions de s'y faire tuer, qu'il reüssit dans son dessein; il fut blessé sur la brêche & mourut trois ou quatre jours aprés.[34] Comme il sçavoit que cette occasion seroit chaude, & avoit un sincere dessein de mourir, il écrivit avant d'y aller une lettre à Mademoiselle de Guise, qui m'a été donnée en original, & dont voici mot par mot la copie:[35]

Vous verrez en apprenant la fin de ma vie que je suis homme de parole, & qu'il est vrai que je ne voulois vivre qu'autant que j'aurois l'honneur de vos bonnes graces. Car ayant apris vôtre changement, je cours au seul remede que j'y puis apporter, & vais perir sans doute, puisque le Ciel vous aime trop pour sauver ce que vous voulez perdre, & qu'il faudroit un miracle pour me tirer du peril où je me jetterai. La mort que je cherche & qui m'attend m'oblige à finir cette lettre. Adieu donc, belle princesse. Voyez par mon respectueux desespoir ce que peuvent vos mépris, & si j'en étois digne.

Cette lettre ne fut point renduë à Mademoiselle de Guise, l'homme qui la lui aportoit fut fait prisonnier par un parti ennemi, & c'est sans doute pourquoi elle est parvenuë jusques à nous. Mais cette princesse n'eut pas besoin de la voir pour apprendre de quel genre de mort l'infortuné Givry perissoit. Le Roi que cet accident touchoit jusques à l'ame, & qui pendant les deux ou trois jours que le blessé vécut ne quitta presque point son chevet, tira de sa bouche l'aveu de son desespoir, & quand il fut retourné à Paris, il s'en plaignit douloureusement à Mademoiselle de Guise. «Vous m'avez tué Givry, Mademoiselle, lui dit-il, & vous avez plus affoibli mes troupes par ce trait de vôtre cruauté que le Duc de Maine par tout l'effort de ses armes. Si les faveurs que j'ai tâché de faire à vôtre maison avoient attiré de vous quelque reconnoissance, vous auriez eu plus d'égards pour un homme qui m'étoit si cher & si necessaire; mais la perte que vous y faites vous en punit assez. La nature ne fait pas tous les jours des gens du caractere de Givry, & quelque beauté que vous ayez, vous aurez de la peine à voir dans vos fers un captif de cette importance.» Mademoiselle de Guise qui depuis quelque tems ne regardoit plus Givry avec des yeux si favorables, ne crut point avoir fait une si grande perte: elle ne fit que soûrire des reproches du Roi, & tâchant même à lui faire connoître qu'il avoit quelque part aux cruautez qu'il blâmoit, ces aveus obligeans effacerent insensiblement le souvenir du mort. Mais rien n'eut ce pouvoir sur l'esprit de la trop constante Madame de Maugiron: elle tomba dans une langueur qui ne finit qu'avec sa vie, et pendant que Paris raisonnoit[36] de cris d'allegresse pour les absolutions du Pape & pour la reünion de tous les partis, cette amante expiroit en prononçant le nom du trop aimable & trop inconstant Givry.

Les exemples que j'ai choisis pour persuader la malignité de l'amour ne pouvoient finir par une histoire plus capable d'inspirer toute l'horreur qu'il merite. Givry étoit le plus accompli de tous les hommes de son siecle; il se trouvoit à vingt six ans comblé d'honneur, favorisé des bonnes graces de son Roi, & en passe d'obtenir toutes les dignitez où un gentilhomme peut monter. Un desespoir amoureux fit avorter ces esperances, & priva le royaume d'un de ses plus beaux ornemens. Cette même passion jetta dans le desordre & conduisit enfin à la mort une femme dont la constance & la sincerité meritoient une meilleure destinée. Ainsi finissent presque toutes les personnes qui s'abandonnent sans reserve à cette fatale manie. Si on la ressent foiblement, elle est une source intarissable de perfidie & d'ingratitude; & si on s'y soûmet de bonne foi, elle mene jusques à l'exces du dereglement & du desespoir.[37]

> Amour, cruel amour, enchantement des ames,
> Helas! ne verrons-nous jamais
> Le funeste effet de tes flammes
> Respecter dans nos cœurs la sagesse & la paix.

FIN DE LA QUATRIÈME PARTIE
DES DÉSORDRES DE L'AMOUR.

MADAME DE VILLEDIEU

NOTES

EXEMPLE IV

[1] This division seems somewhat artificial since this nouvelle does not constitute a separate story but is a continuation of the previous one.

[2] Alexandre Farnèse, duc de Parme (Parma) was ordered by Philip II of Spain to march into France to assist the duc de Mayenne and the League (August, 1590).

[3] In 1592 the duc de Parme again entered France and forced Henri IV to abandon the siege of Rouen. His death in December of 1592, depriving the League of its most efficient assistance, freed the king from his most immediate threat. (J. H. Elliot, *Europe Divided*). See map for location of cities.

[4] The Gabrielle in this nouvelle is Gabrielle d'Estrées, Henri IV's mistress. After the duc de Mayenne surrendered in 1596, there were no important nobles opposing the king. Henri scandalized the Huguenots, among other things, by attempting to divorce Marguerite de Valois so that he might marry Gabrielle.

[5] See map in appendix.

[6] Mme de Villedieu is obviously familiar with the work *Alcandre* which is believed now to have been written by a Mme Simier since there are many parallels between the two stories. *Alcandre* (*ou les Amours du Roi Henri le Grand*) recounts the story of Henri IV. For a discussion of the similarities and differences with *Les Désordres de l'Amour*, consult B. Morrissette, *The Life and Works of Marie-Catherine Desjardins* and R. Francillon, *L'Oeuvre Romanesque de Mme de Lafayette*.

[7] se répondre de: "compter sur" (*Dictionnaire du Français Classique*).

[8] Here again, the narrator leaves the domain of history (past tense) to offer this maxim as a commentary on the historical events.

[9] see note 8 above.

[10] See nouvelle I, note 6.

[11] See genealogical tables.

[12] Charles de Bourbon, brother of Henri, prince de Condé, the Protestant leader mentioned in the first nouvelle.

[13] La Doüairiere de Nemours: the duc de Nemours' widow had received upon her marriage certain properties and/or monies (*douaire*) to assure her well-being in the event of her husband's death.

[14] La Mothe: the name of Mme de Maugiron's confidante.

[15] commettre: "exposer, mettre au danger" (*Dictionnaire du Français Classique*).

[16] penser: "faillir" (*Dictionnaire du Français Classique*).

[17] This is the first instance where the maxim in prose on love is not a commentary by the narrator but is rather that of one of the historical characters.

[18] la commodité: "occasion favorable"; regaler: "offrir une reception à" (*Dictionnaire du Français Classique*).

[19] Although many synonyms and metaphors have been employed, this is the first time that the term "désordre" is used within the narrative; and it is unquestionably a disorder caused by love.

[20] Catherine de Lorraine, duchesse de Montpensier.

[21] Although the duc de Mayenne was far from a leader "avancé vers la vieillesse" at this particular point, his nephew, Charles, who had become the duc de Guise after his father's death, was much younger and was perhaps ready to assume the leadership of the party.

[22] The duc de Mayenne did have reasons for wanting to end the war, as Mme de Villedieu indicates here. He "had none of his late brother's dynamic qualities, and found it impossible to hold the radical and aristocratic wings of the [League] together. . .During the Autumn of 1891 it became clear that a showdown between the extreme and the *politique* members of the League could not be long delayed." (Elliot, 354). Moreover, radical elements within the League began to challenge the principle of hierarchy, the very foundation of the social order. At this point, Mayenne began to see in the king, even if he were Protestant, a means to preserve that order.

[23] être en passe: to be in a position to be able to. . .; in fact, both Givry and Bellegarde are below the princess' rank.

[24] Henri de Navarre abjured his faith on 25 July 1593. His "renunciation of Protestantism removed the last rational grounds for refusing to recognize his kingship." (Elliot, 355)

[25] Henri's recognition of the Catholic Church as the only true one gained him the support of all Catholics except the most fanatical of the League and

"those who, like the Dukes of Mayenne and of Mercœur, were intent on their personal interests." (Elliot, 437)

26 It is significant that for Mme de Villedieu it is the presence of a strong king that calms the political and religious disorders. (see, e.g., A. Flannigan, *Mme de Villedieu's Les Désordres de l'Amour: History, Literature, and the Nouvelle Historique* [Washington: University Press of America, 1982])

27 Philip II of Spain had sent aid to the League (see notes 2 and 3 above).

28 commettre: see note 15 above.

29 There had been speculation for a long time that Henri IV would divorce Marguerite de Valois (see first nouvelle, note 34).

30 Here Mme de Villedieu summarizes the longer, detailed accounts of the historical documents.

31 Henri IV declared war on Spain in January, 1595. Because most of the Leaguers had surrendered, Philip was deprived of his allies on French soil and had to confine his attacks to the border provinces.

32 Although Henri had renounced his faith, he still needed absolution from the Pope, which Clement VIII at last gave in September, 1595.

33 This "little piece" of fiction is inserted "between" the lines of history and does not drastically change the reading of history.

34 With this phrase Mme de Villedieu summarizes the longer historical accounts of Givry's death.

35 As M. Cuénin in an earlier edition of *Les Désordres de l'Amour* indicates, the following letter in its entirety can be found in the Arsenal Library (Paris) as a letter "de Monsieur de Givry à Mademoiselle de Lorraine, qui a esté depuis Madame la Princesse de Conty, en allant combattre au siège de Laon."

36 raisonner: résonner

37 Mme de Villedieu's work has evidently been influenced by the Jansenist movement—that is, in a philosophical sense; there is no trace of a religious influence. The novelist seems quite close to La Rochefoucauld; her conception of human nature suggests a total lack of confidence in man. Her views appear even more pessimistic than those of the Jansenists since she does not allow for the redeeming grace of God that comprises the religious component of the movement.

APPENDIX

MADAME DE VILLEDIEU

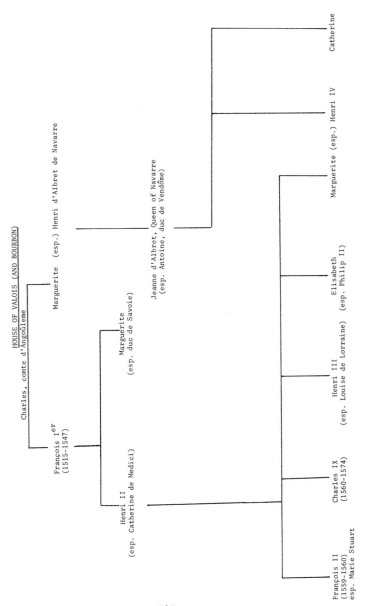

HOUSE OF VALOIS (AND BOURBON)

Charles, comte d'Angoûleme

Marguerite (esp.) Henri d'Albret de Navarre

François Ier
(1515-1547)

Marguerite
(esp. duc de Savoie)

Jeanne d'Albret, Queen of Navarre
(esp. Antoine, duc de Vendôme)

Henri II
(esp. Catherine de Medici)

Catherine

Marguerite (esp.) Henri IV

Elisabeth
(esp. Philip II)

Henri III
(esp. Louise de Lorraine)

Charles IX
(1560-1574)

François II
(1559-1560)
esp. Marie Stuart

107

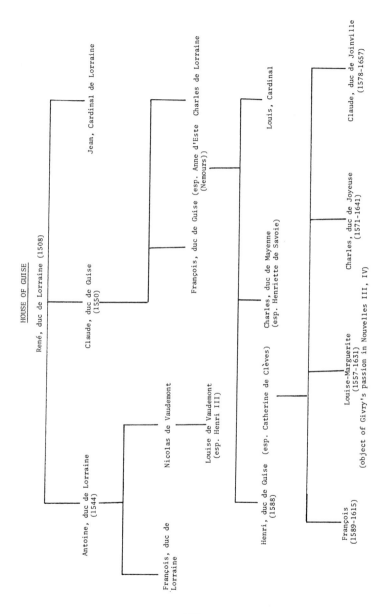

HOUSE OF GUISE

René, duc de Lorraine (1508)

Antoine, duc de Lorraine (1544)

Claude, duc de Guise (1550)

Jean, Cardinal de Lorraine

François, duc de Lorraine

Nicolas de Vaudemont

Louise de Vaudemont (esp. Henri III)

François, duc de Guise (esp. Anne d'Este (Nemours))

Charles de Lorraine

Louis, Cardinal

Henri, duc de Guise (esp. Catherine de Clèves) (1588)

Charles, duc de Mayenne (esp. Henriette de Savoie)

Claude, duc de Joinville (1578-1657)

Charles, duc de Joyeuse (1571-1641)

Louise-Marguerite (1557-1631) (object of Givry's passion in Nouvelles III, IV)

François (1589-1615)

MADAME DE VILLEDIEU

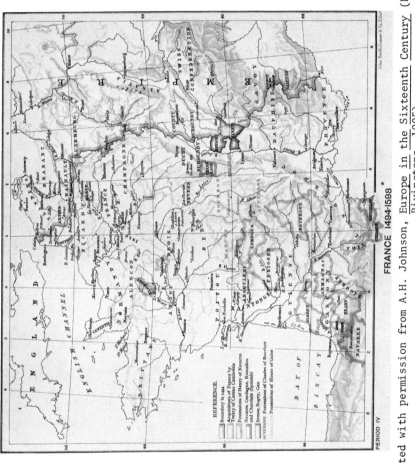

FRANCE 1494-1598 *

*reprinted with permission from A.H. Johnson, Europe in the Sixteenth Century (London: Rivingtons, 1905)

MADAME DE VILLEDIEU

BIBLIOGRAPHY

WORKS BY MADAME DE VILLEDIEU

A) PROSE:

Alcidamie. 2 vol. Paris: Barbin, 1661

Lisandre, Nouvelle par Mlle des Jardins. Paris: Barbin, 1663.

Anaxandre, Nouvelle par Mlle des Jardins. Paris: Barbin, 1667.

Carmente, Histoire grecque par Mlle des Jardins. 2 vol. Paris: Barbin, 1667

Cléonice, ou le Roman Galant. Paris: Barbin, 1669.

Le Journal Amoureux. 6 vol. Paris: Barbin, 1669–1671.

Annales Galantes. Paris: Barbin, 1670.

Mémoires du Serail sous Amurat second. Paris: Barbin, 1670, 1673.

Les Amours des Grands Hommes. 4 vol. Paris: Barbin, 1671.

Les Exilés. 6 vol. Paris: Barbin, 1672, 1673.

Les Galanteries Grenadines. 2 vol. Paris: Barbin, 1673.

Mémoires de la vie d'Henriette Sylvie de Molière. 6 vol. Paris; Barbin, 1974.

Les Désordres de l'Amour. Paris: Barbin, 1675.

Les Nouvelles Afriquaines. Paris: Barbin, 1683.

Annales Galantes de Grèce. 2 vol. Paris: Barbin, 1687.

Portrait des Faiblesses Humaines. Paris: Barbin, 1685.

Oeuvres Complètes de Madame de Villedieu. 5 vol. Paris: Roslin Fils, 1741.

B) POETIC WORKS:

Le Carousel de Monseigneur le Dauphin. Paris: Barbin, 1662.

Recueil de Poésies de Mlle Desjardins. Paris: Barbin, 1662.

Recueil de Poésies de Mlle des Jardins augmenté de plusieurs pièces et Lettres en cette dernière édition. Paris: Barbin, 1664.

Fables ou Histoires Allégoriques, dédiées au Roy par Mme de Villędieu. Paris: Barbin, 1670.

C) DRAMATIC WORKS:

Manlius, Tragi-comédie par Mlle des Jardins. Paris: 1662.

Nitétis, Tragédie par Mlle des Jardins. Paris: Barbin, 1664.

Le Favory, Tragi-comédie par Mlle des Jardins. Paris: Billaine, 1665.

BIBLIOGRAPHY OF PRINCIPAL WORKS USED IN THE PREPARATION OF THIS EDITION

Brantôme, P. de Bourdeilles. *Mémoires. . .contenans les vies des hommes illustres et grands* capitaines français. Leyde: Sambix le Jeune, 1966.

Chatenet, Henri. *Le Roman et les Romans d'une Femme de Lettres au XVIIe Siècle: Madame de Villedieu.* Paris: Champion, 1911.

Chiverni, Philippe Hurault (comte de). *Mémoires d'Etat.* Paris: Billaine, 1636.

Dallas, Dorthy. *Le Roman Français de 1660–1680.* Paris: Gamber, 1932.

Elliot, J. H. *Europe Divided.* London: Collins, 1968.

Flannigan, Arthur. *Madame de Villedieu's Les Désordres de L'Amour: History, Literature, and the Nouvelle Historique.* Washington: University Press of America, 1982.

Francillon, Roger. *L'Oeuvre Romanesque de Madame de Lafayette.* Paris: José Corti, 1973.

Histoire des Amours du Grand Alcandre, où sous des noms d'emprunt se lisent les aventures amoureuses d'un grand Prince du dernier siècle. Paris: Guillemot, 1652.

Johnson, A. H. *Europe in the Sixteenth Century.* London: Rivingtons, 1905.

Lafayette, Madame de. *Romans et Nouvelles.* Ed. E. Magne. Paris: Garnier, 1961.

Magne, Emil. *Madame de Villedieu.* Paris: Mercure de France, 1907.

Marguerite de Valois. *Mémoires.* In *Mémoires of the Court of Europe.* New York: P. F. Collier and Son, 1910, Vol. II.

Mézeray, François Eudes de. *Histoire de France contenant le règne du Roi Henri III et celui du Roi Henri IIII jusqu'à la Paix de Vervin inclusivement.* Paris: Mathieu Guillemot, 1651. Vol. II, III.

Morrissette, Bruce. *The Life and Works of Marie-Catherine Desjardins: (Mme de Villedieu) 1632-1683.* St. Louis: Washington University Press, 1942.

Valincourt, Jean Baptiste de Trousset. *Lettres à la Marquise sur le sujet de La Princesse de Clèves* Paris: Mabre-Cramoisy, 1678.

Villedieu, Madame de. *Les Désordres de l'Amour.* Micheline Cuénin, ed. Paris: Droz, 1970.

MADAME DE VILLEDIEU